NEX OCEAN-SOLUTION

CHINA LAND BRIDGE

日本発厦門経由
欧州向け
Sea &Rail

Point 1 安心! ▶ 日本発から海上/鉄道を一貫輸送でコーディネート
ブロックトレイン運行により低コストで確実な輸送が可能
日本からハンブルクまで約25日で到着

Point 2 便利! ▶ 厦門から欧州間は週2便のブロックトレイン運行（厦門駅水・土発）
海上輸送の遅延にも柔軟に対応

Point 3 高品質! ▶ 日本発欧州向け海上輸送よりも早く欧州まで輸送
大幅なリードタイム短縮

We Find the Way

通 **日本通運**
NIPPON EXPRESS

海運事業支店 事業戦略部
biz_strategygroup@nittsu.co.jp

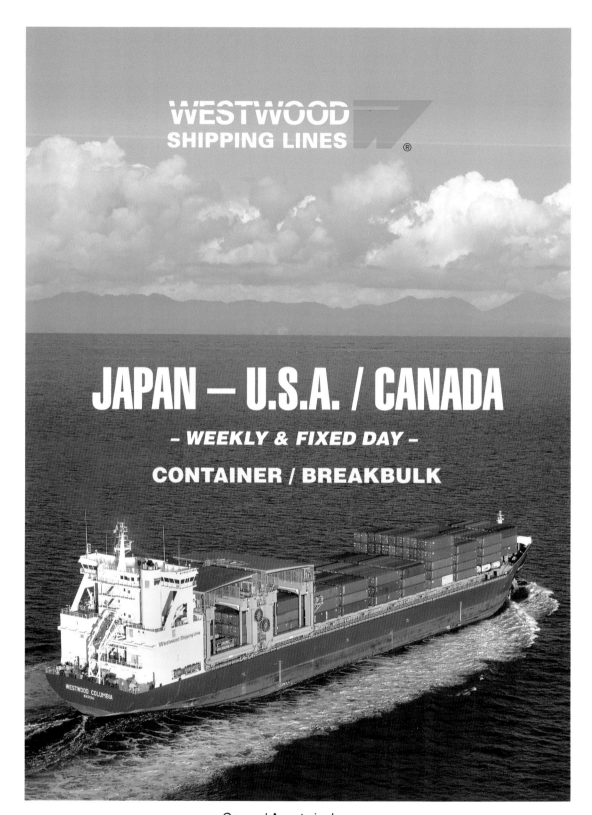

Commitment to Service

The Port of Long Beach is the greenest, fastest, most efficient gateway for goods moving to and from Asia and marketplaces across America.

We're keeping our competitive edge while working sustainably, offering unrivaled customer service while we build the Green Port of the Future.

Port of
LONG BEACH
THE PORT OF CHOICE

Overcoming distances, together

For many years, OOCL has been an ambassador of world trade, using our ships to bring markets closer together and business relationships even closer, no matter the distance.

Faced with new health challenges in our global community, our virtual network capabilities and mobile applications are used to keep trade moving, your businesses running, and our relationships are closer than ever.

By working together, we can overcome any challenges and achieve wonders.

We take it personally

YEARS OF CONTAINERIZATION

www.oocl.com

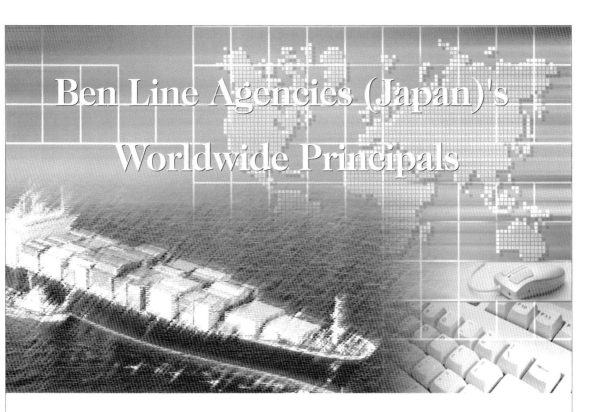

Ben Line Agencies (Japan)'s Worldwide Principals

Alcatel-Lucent Co. (France)

Anglo Eastern Shipmanagement Ltd. (Hong Kong)

ANL Container Line Pty Ltd. (Singapore)

Asset Maritime Security Service (U.K.)

Dalian Jifa Bonhai Rim Container Lines (China)

EAS International Shipping (China)

Global Marine Systems (U.K.)

Kestrel Global Logistics (U.K.)

M&S Logistics (U.K.)

Nile Dutch Africa Line (Netherlands)

Port of Houston Authority

Scottish Development International (U.K.)

Sea Consortium Pte Ltd. (Singapore)

Siem Car Carriers (U.K.)

Swire Shipping (Singapore)

TE Subsea Communications LLC (U.S.A.)

Thames Port (U.K.)

The Shipping Corporation of India Ltd. (India)

Tropical Shipping, Inc. (U.S.A.)

Tyco Tele Communications (U.S.A.)

UAFL (Indian Ocean Islands & Mozambique)

Wuhan New Port Datong Int'l Shipping (China)

X-Press Feeders (Singapore)

Yew Choon Pte. Ltd. (Singapore)

 BEN LINE AGENCIES (JAPAN) LTD.

4th Fl, Shinagawa TS Bldg., 2-13-40 Konan, Minato-ku, Tokyo 108-0075 Japan
Tel: (03)6718-0704   Fax: (03)6718-0717
logistics.it@benline.co.jp   http://www.benlineagencies.com

「速い」「確実」「安心」

Port of Tokyo

――――――― つながる世界、ひろがるネットワーク ―――――――

東京港は、国際貿易港として発展し、東京・首都圏の生活と産業を支えてきました。
現代の物流ニーズに応えた港湾施設・道路の整備を着実に進め、港の使いやすさをさらに向上させています。
国際海上貨物なら東京港。
東京港は、国際物流ネットワークへの「速い」「確実」「安心」なルートを約束します。

博多港 NEXT

選ばれる港へ

- ●充実した航路網 38 航路月間 206 便 （2020年7月現在）
- ●物流 IT システム (HiTS) による効率化・迅速化
- ●半径 5km 圏内に港湾、空港、高速道路、鉄道の輸送モード拠点(ターミナル)が集積する利便性

アジアのリーダー都市へ
FUKUOKA NEXT

福岡市港湾空港局

博多港　検索

電話092-282-7110　FAX 092-282-7772
E-mail : butsuryu.PHB@city.fukuoka.lg.jp

オーシャンコマースのデータサービスは荷主やフォワーダー、損保など導入企業の業務効率化とコスト削減を支援します。

★ 毎日更新される輸出入スケジュールデータを社内システムに取り込むことで、荷主やフォワーダーは船積みプロセスを効率化できます。

★ ACEのファイリングサービスを利用し、NVO各社が船積みデータを自社送信することにより、船社委託に伴う競争相手への顧客情報の開示が無くなるのに加え、1/10以下の大幅なコスト削減を実現。また、House B/L NumberがISF（10+2ルール）でもそのまま使用できるようになるため、NVOとしての競争力とサービスを強化します。

★ 定期航路の運航体制データ（CD版）は国内外の金融や調査研究機関、官公庁、物流コンサルタント企業、大学などが国際物流サービスの供給状況や動向など、市場の現状分析、予測にお使い頂いています。

外航定期船スケジュールおよび関連データ提供のご案内

データファイルとデータ項目	● 提供可能なデータファイルとそれに含まれるデータ項目は、弊社がインターネット上で公開している「輸出スケジュール」「輸入スケジュール」「定期船検索」に準じます。 ● 下記に含まれていないデータ項目で必要なデータ項目がある場合はご相談ください。ご要望にお応えできる場合があります。
ファイル形式	● tab切りのテキストフォーマットを標準としますが、その他のファイル形式で書き出すこともできます。日付の形式はm/d/yyyy（8/31/2013）を標準としますが、これも変更可能です。
データファイルの受け渡し方法	● 原則として、輸出入データファイルは土日と祝祭日を除く毎日、船舶データファイルは週一回更新し、弊社のFTPサーバに置きます。ユーザの方にはFTP接続により、必要なファイルをダウンロードしていただきます。 ● ご契約いただいた後、専用フォルダーを用意し、FTP接続に必要な設定情報をお知らせします。
各ファイルの大きさ	● 各ファイルの大きさは全レコードをご提供する場合で、 　輸出データファイル　　約12万レコード　約13メガバイト 　輸入データファイル　　約 3万レコード　約3メガバイト 　船舶データファイル　　約 3千レコード　約200キロバイト Excelなどの表計算ソフトを利用して輸出入ファイルを開ける場合、レコード数が多すぎて開けないことがあります。（その場合はご相談下さい。）また、航海次航フィールドは文字列として扱って下さい。
データ提供料 （月額、税別）	管理費　　　　　　　　　2万円 輸出スケジュールデータ　7万円 輸入スケジュールデータ　4万円 船舶明細データ　　　　　3万円 ・上記のほか、初回のみ初期設定料をいただきます（通常3万円）。 ・独自のデータ項目、データ受け渡し方法、データフォーマットを希望される場合は別途協議させていただきます。 ・提供するデータには正確を期していますが、これを保証するものではありません。 ・提供されるデータを商用目的で利用すること、有料・無料を問わず第三者に譲渡することはご遠慮ください。 ・提供されるデータを社外に公開する場合は別途協議させていただきます。

輸出入データファイル

データファイル	データ項目	桁数
	船名	30
	航海次航	11
	オペレータ名	98
	仕出し地のマーク［*1］	1
	仕出し地名	18
	仕出し地の入港予定日［*2］	
	仕出し地の出港予定日	
	仕向け地のマーク［*1］	1
	仕向け地名	23
	仕向け地の入港予定日	
	トランジットタイム	2

船舶データファイル

データファイル	データ項目	桁数
	船名	30
	船籍	9
	コールサイン	7
	建造年	4
	サービススピード	5
	コンテナ積載数（TEU換算）	5
	リーファープラグ数	4
	グロストン	6
	デッドウェイト	6
	船級	5
	設備	20
	オペレータ名	25
	Lloyd's（IMO）Code	7

［*1］Tranship, Calling subject to inducementの場合はマークをつけて区別します。
［*2］このデータ項目は輸入データファイルにはありません。
　　　桁数は最低限必要な数ですので、念のため、これより大きめの桁数をとるようにしてください。

◎お問い合わせは　オーシャンコマース　データ編集課
　　　　　　　　　Tel：03-3435-7510　Fax：03-3435-7892
　　　　　　　　　mail address：aida@ocean-commerce.co.jp

目　次

Ⅳ．海上運送状（Sea Waybill）

Ⅴ．船荷証券のおもな約款…043

Ⅵ．船荷証券をめぐる実務上の問題

船荷証券とは

1. 船荷証券とは

Q 船荷証券とは何ですか。

A 国際貨物運送において輸送の内容や請負関係を示した書類です。国際間の商取引を貿易といいますが、商慣習や法律などが異なる国との取引ですから国内取引とは異なる手続きや、国内取引では使われない書類が必要となってきます。

貿易ではまず商品を売りたい売り手 (seller) とそれを購入したい外国の買い手 (buyer) との間で商談が成立すると、後日の証拠として商品名、数量、価格、納入日などの合意内容をまとめた売買契約が結ばれます。売り手は輸出業者 (exporter) であり荷主 (shipper) あるいは荷送人 (consignor) とも呼ばれます。買い手は輸入者 (importer) であり、貨物の受取人として受荷主あるいは荷受人 (consignee) とも呼ばれます。荷主は売買契約に基づき商品の輸送を運送人に依頼して目的地まで運んでもらい、契約した商品が買い手に届いたら相互に合意した決済方法で買い手が売り手に商品代金を支払って取引は完了します。

このプロセスの中で荷主の輸送依頼を引き受けた運送人は荷主から運送品（貨物）を受け取って船積みしますが、その際、運賃と引き換えに貨物を船積みしたことを証明する証書を交付することが法律で義務づけられています。この証書を船荷証券 (Bill of Lading：通称 B/L) といいます。

国際海上運送を引き受ける運送人が発行します。運送人とは船会社のことですが、NVOCC (Non-Vessel-Operating Common Carrier) やフォワーダーも運送人として B/L を発行します（後述）。B/L は発行されると輸出者から輸入者に送られます。荷揚げ地では B/L の所持人（通常は荷受人、輸入者）がそれを船会社（またはその代理店）に差し入れて初めて輸入された貨物を引き取ることができます。

2. 船荷証券の性質

Q 船荷証券どのような役割を果たしていますか。

A 次の 4 つの機能をもっています。

1. 荷主から貨物を受け取ったことを証明する受領証。
2. 荷送人と運送人の間で運送契約書が締結されたことの証拠となる書類。運送契約書そのものではありませんが、B/L に記載されている事項・約款が運送契約の内容を示しています。
3. 引き渡しを請求する権利を持つ引換証。仕向け地（荷揚げ港／目的地）では B/L に記載されている正当な荷受人が運送人に対して運送品の引き渡しを請求できる権利証券です。
4. B/L の所有者が運送品の所有権を主張することができる、つまり運送品と同等の金

銭的価値を持つ有価証券です。

3．船荷証券の種類

(1) 様々な名称

Q どのような種類がありますか。

A B/Lには次のようにいろいろな名称がありますが、それは例えばOriginal B/LがShipped B/Lであり、同時にOcean B/Lでもあり得るように一つのB/Lが用途や形式などによって分類され、それぞれの分類の中で別の呼びかたをされるからです。主な名称は以下に並べましたが、これらに限るものではありません。

Clean B/L：無故障船荷証券。運送品に損傷や数量の過不足などの異常がなく、B/L上に注意書き（Remarks：摘要）がない状態で船会社から発行されるB/L。

Combined Transport B/L：複合運送船荷証券あるいは複合運送証券とも呼ばれます。一つの運送契約で2種類以上の輸送手段（例えば海上と鉄道など）を結合（combined）した海陸一貫のドアツードア輸送に使用されるB/Lで、コンテナ貨物に利用されます。Through B/Lの一種です。海上と航空を組み合わせたSea & Air輸送ではSea & Air B/Lが用意されています。

Copy B/L：オリジナルのコピーで内容は同じですが有価証券としての価値はないので"NON-NEGOTIABLE"（譲渡できない）のスタンプが押されています。

Foul B/L：故障付船荷証券。運送品に損傷や数量の過不足などの欠陥があり、B/Lの余白にRemarks（摘要）として欠陥事項が記載されているB/L。信用状（L/C）決済では銀行から買い取りを拒否されます。Dirty B/L、Stale B/Lと言われることもあります。

Hitchment Cargo B/L：併合貨物船荷証券。2つ以上の発地（港）で貨物をそれぞれ船積みし、最終目的港（地）でこれらを併合して1件にまとめて発行するB/Lのことです。仕出し港は最後の積み地となります。最初に積み込んだ貨物にはLocal B/Lが発行されます。

Intermodal Transport B/L：Combined Transport B/Lと同じ。

Local B/L：区間船荷証券。外航船に接続するための内航や、複合輸送の過程で一区間の輸送だけに使用されるB/L。

Long Form B/L：裏面に細かな字ですべての約款が印刷されているB/L。一般的にはこのフォームが使われています。

Multimodal Transport B/L：複合運送証券。Combined Transport B/Lのことです。

Ocean B/L：自国の港から外国の港に向けて運送品を海上輸送する際に利用されるB/L。Port to Port B/Lと同義。

On Board B/L：船積み船荷証券。Shipped B/Lと同じで船積み後に発行されます。

Order B/L：指図式船荷証券。荷受人を特

定せず荷受人（Consignee）の欄に "To Order" あるいは "To Order of Shipper" と記載されている B/L です。

Original B/L：船会社に貨物を引き渡したときに発行される B/L のオリジナルのことです。商品と同じ価値をもつ有価証券として買い取られ、流通して（譲渡されて）いきます。流通していく性質を持つことを Negotiable と言います。紛失などのリスク

を考慮して通常 3 通がセットで発行されます。

Received B/L：受取船荷証券。運送品が船会社に引き渡されたもののまだ船積みはされていない時点で発行される B/L。コンテナ輸送で利用されます。

Shipped B/L：船積み船荷証券。運送品が本船に積み込まれたことが確認されてから発行される B/L。Onboard B/L とも言われ

船荷証券 (B/L) のおもな種類

運送区域による分類	運賃の支払いの時期による分類
Combined Transport B/L	Collect B/L
Multimodal Transport B/L	Prepaid B/L
Intermodal Transport B/L	**運送品の状態による分類**
Through B/L	Clean B/L
Local B/L	Foul B/L
Ocean B/L	Dirty B/L
Port to Port B/L	Stale B/L
Sea & Air B/L	**書式の形態による分類**
流通（買取）上の分類	Short Form B/L
Copy B/L	Long Form B/L
Original B/L	**発行主体による分類**
Order B/L	Master B/L
Straight B/L	House B/L
発行のタイミングによる分類	**特殊な運送証券**
Received B/L	Switch B/L
Onboard B/L	Hitchment Cargo B/L
Shipped B/L	Multiple B/L

ます。

Short Form B/L：略式 B/L。船荷証券の裏面には細かな字で運送契約にかかわる取り決め（約款）が印刷されていますが、この約款の記載が省略されて空白となっている形式です。約款が印刷されている B/L を Short Form と区別するため Long Form B/L と呼びます。空白ではあっても取り決めがないということではなく、単に省略されているだけで、必要であれば別途印刷された約款を渡すと記されています。

Straight B/L：記名式船荷証券。荷受人の名前が明記されている B/L。

Switch B/L：引換船荷証券。輸出入許可や為替決済条件などの理由で荷送人の要求に応じて、輸出商品の輸送途中でオリジナル B/L と引き換えに発行される B/L です。

Through B/L：通し船荷証券。最終目的地に到着するまでに外航船舶、鉄道、トラック、フィーダー船など複数の輸送手段を利用して一貫輸送する際に発行される B/L。一次運送人が発行します。

(2) 主要な B/L の違い

Received B/L と Shipped B/L (On Board B/L) の違い

Q　Received B/L と Shipped B/L(=On Board B/L) との違いを教えてください。

A　Received B/L（受取船荷証券）は、貨物をコンテナヤードで受けとってはいるけれども本船はまだ入港していない段階で発行される B/L です。コンテナ輸送で使用されます。Shipped B/L（船積み船荷証券）は貨物が船積みされ、本船が出港して発行される B/L です。実際に貨物の船積みが完了しているかどうかで B/L の名称が変わります。

Q　Received B/L と Shipped B/L の発行日の範囲はどのようになっていますか。

A　Received B/L はコンテナが船社の CY に搬入された日から本船の出港日までです。Shipped B/L は船積み日（出港日）に発行されます。信用状 (L/C) 取引では銀行が Received B/L の買い取りに応じないため Shipped B/L が要求されます。そのため、実際に船積みが完了すると Received B/L 上の On Board Notation（船積み証明追記）欄に、運送人（またはその代理人）が船積み日 (the date on which the goods have been shipped on board：UCP600)、本船名を記載し、署名して Shipped B/L に変更することができます。Shipped B/L の交付は Received B/L 全通との引き換えとなります。Shipped B/L Date は本船が入港した日から出港するまでの日が可能ですが、信用状取引では発行日を船積み日とする規定がありますから発行日と船積み日を一致させることが一般的です。

Q　Received B/L と Shipped B/L はどのように使い分けされていますか。

A　Received B/L は主にコンテナ貨物に、

On Board B/L はバルク貨物（バラ積み貨物）に利用されます。

Q 荷送人から年末年始中、年末の B/L Date（発行日）を依頼されています。ところが本船が遅れてしまいました。どのように対応すればよいでしょうか。

A 貨物が搬入されていれば Received Date は取ることができます。しかし On Board Date（船積み日）は本船がまだ入港していないという理由で断るべきです。

Straight B/L と Order B/L の違い

Q Straight B/L と Order B/L の違いを教えてください。

A B/L の荷受人（Consignee）欄に特定の個人、もしくは会社名が記載されているものが Straight B/L（記名式 B/L）です。荷受人が特定されていますから、この荷受人が第三者に譲渡しない限り流通していくことはありません。米国では Straight B/L の譲渡は禁止されています。この B/L は親会社と海外の現地法人、関連会社など荷送人と関係が深い相手先との間で使われるケースが多いので流通性は低いと言えます。流通性とは譲渡によって所有者が移転していくことです。

一方で、荷受人欄が "To Order"（指図によりという意味）、または "To Order of ～"（～の指図によりという意味）となっているのが指図式で、～の部分には指図人（荷送人、L/C 取引では銀行など）が記載されます。指

図式の場合は指図人に裏書＊署名されたものが正当に裏書された B/L として流通していきます。この流通性が高い、低いが記名式と指図式の大きな違いです。

＊ 裏書：会社の社印を押し、担当者が手書きの署名をするというのが一般的です。

Q "To Order" と "To Order of Shipper" はどう違うのでしょうか。

A ほとんど差はありません。信用状（L/C）取引では流通性のある指図式（To Order）の B/L だけが使用されます。L/C 取引では輸出者と輸入者それぞれの取引銀行が介在します。輸出地で銀行（買取銀行）が荷送人から B/L を買い取ると貨物の所有権は買取銀行に移転し、B/L が輸入地の銀行（L/C を開設した開設銀行）に譲渡されれば貨物の所有権も開設銀行に移転します。B/L の所有者が貨物の所有者となりますから、銀行にとっては B/L が貨物の担保となっています。

一方で、記名式では荷受人が B/L 上で特定されていますから転売による所有権の移転（流通性）が期待できず L/C 取引には利用されません。荷受人が特定されていますから第三者が偶然その B/L を手にしたとしても所有権を主張することはできないというメリットはあります。

Q 輸出者は特定の輸入者と商売をしているのになぜ Order B/L を発行するのでしょうか。

A 上述 L/C 取引の流れのように B/L が

信用状取引の流れ

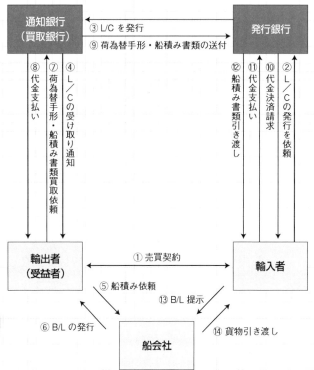

通知銀行
（買取銀行）

③ L/C を発行
⑨ 荷為替手形・船積み書類の送付

発行銀行

⑧ 代金支払い
⑦ 荷為替手形・船積み書類買取依頼
④ L/C の受け取り通知

⑫ 船積み書類引き渡し
⑪ 代金支払い
⑩ 代金決済請求
② L/C の発行を依頼

輸出者
（受益者）

① 売買契約

輸入者

⑤ 船積み依頼
⑬ B/L 提示

⑥ B/L の発行
⑭ 貨物引き渡し

船会社

流通していくことが可能となるためです。"To Order" は荷送人の指示による指図式ということなので、荷送人の裏書が必要となります。荷送人（裏書人）が裏書（署名）し、次に譲渡しようとする者（被裏書人、次の権利者）を記載するというやりかたで流通していき、最終権利者となる輸入者が裏書きして運送人にその B/L を提出し、貨物を引き取ります。なお、荷送人が裏書だけで、次の被裏書人を記載しないフォームを白地裏書（Blank Endorsement）といいます。Order B/L では裏書によって所有権者が変わるので、転売の気持ちがあるバイヤーは Order B/L を希望します。これは主に輸入商社に多

いようです。

Clean B/L と Foul B/L の違い

Q Clean B/L と Foul B/L の違いを教えてください。

A Clean とは貨物に損傷や数量に過不足がないという意味です。B/L の表面には「外観上良好な状態で運送品を受け取った（Received by the Carrier from the Shipper in apparent good order and conditions unless otherwise ……）」、もしくは船積みした旨の文言が印刷されています。この文言を否定、もしくは訂正する文言（摘要＝ Remarks）が記載されていなければ Clean B/L（無故障船荷証券）、記載されていれば Foul B/L（故障付船荷証券）となります。信用上（L/C）決済では Foul B/L は銀行から買い取りを拒絶されるため、荷送人は便宜的に運送人に補償状（L/I）を差し入れ、Clean B/L の発行を依頼することになります。

Through B/L と Combined Transport B/L（Multimodal Transport B/L）の違い

Q Through B/L と Combined Transport B/L はどのように違いますか。

A Through B/L（通し船荷証券）は、船積み港および荷揚げ港のほかに、最終仕向け

地（Final Destination）が具体的に記載されており、仮に、運送品を運送途中で他の運送人に接続しても全区間にわたり運送を引き受けたとする船荷証券です。もっとも、船社によっては「荷揚げ港から最終仕向け地までの転送手配はするが、それ以外は一切責任を負わない」との特約を Through B/L に取り入れていることもあります。Through B/L のもとで、運送途中で運送品を接続された第2、第3の運送人は、別途、第1の運送人に対して内部的な B/L を発行して各自の運送区間における責任を負担しますが、この内部的な B/L を Local B/L（区間船荷証券）と言います。

　一方、Combined Transport B/L あるいは Multimodal Transport B/L（複合運送証券）は、コンテナ詰め貨物の海陸一貫運送に利用されます。船舶や鉄道など複数の運送モード（形態）による貨物の受取地から引渡地までの全運送区間の運送責任を1人の運送人（複合運送人）が荷送人に対して負うことになっています。B/L に記載された全運送区間を異なる輸送手段を利用して運送する複合運送が前提となっている点で、前述の通し船荷証券とは異なります。

　複合輸送ということばは combined transport からきたものですが、複合輸送を表す用語として multimodal transport（複数モードの輸送）あるいは intermodal transport（異種モードの接続輸送）も多く使われています。いずれも特定の輸送区間を最初から最後まで複数の輸送モードを接続して輸送を完成させることを意味しています。複合輸送は積み替えが簡単、貨物の損傷が少ないなど様々なメリットを持つコンテナが出現して初めて効率的な輸送方法として確立されました。ですから Combined Transport B/L あるいは Multimodal Transport B/L（複合運送証券）は、コンテナ詰め貨物の海陸一貫運送に利用されます。

　海・陸の国際複合一貫輸送サービスを提供する運送主体（複合運送人）には船会社と NVOCC*（Non-Vessel-Operating Common Carrier）があります。両者はみずから複合運送証券を発行、複合一貫輸送を行います。

*　NVOCC：非船舶運航業者。不特定多数の荷主から集貨し、実運送人（船会社）のスペースを利用して輸送サービスを提供する事業者。運送主体として自社 B/L を発行して運送責任を負う。船社との関係ではスペースをブッキングする荷主となり、船社にブッキングしたそのスペースを貸す荷主に対しては運送人となる。

　Q　複合運送証券での運送人の責任範囲はどうなっていますか。

　A　複合運送人の運送責任はそれぞれの下請け運送人の運送区間ごとの責任原則に基づき決定する方式（各運送区間異種責任原則型＝ Network Liability System）と、全運送区間を通じて同一の原則により一定の賠償金を支払う方式（各運送区間同一責任原則型＝ Uniform Liability System）がありますが、後者は運送主体となる運送人の責任範囲が広

船荷証券と複合運送証券の比較

すぎるので Network Liability System が採用されています。

Q 日本における複合運送証券の法的裏づけはありますか。

A 複合運送証券はコンテナ輸送の発展にともない、海、陸、空の輸送モードを組み合わせた複合輸送が一般化したため、その輸送形態に対応する運送証券として使われ始めたので比較的歴史が浅く、法律的な裏付けはありませんでしたが、2018年の商法改正で初めて規定が設けられ、運送人は荷送人の請求により1通または数通を交付しなければならないとし、船荷証券の規定を複合運送証券について準用すると規定しています（第769条）。

Q NVOCC も自社独自の複合運送証券書式をもっていますか。

A B/L 発行件数の多い大手の NVOCC やフォワーダーは自社で複合運送約款を策定し、独自の書式でB/Lを発行していますが、日本では国際フレイトフォワーダーズ協会（JIFFA）が Multimodal Transport Bill of Lading（JIFFA MT B/L）を制定してその普及に努めており、多くの会員がこの書式を利用しています。国際的には世界のフォワーダー協会の団体である FIATA(国際貨物輸送業者協会連合会)の FIATA Multimodal Transport Bill of Lading、通称 FIATA B/L があります。

Master B/L と House B/L の違い

Q Master B/L と House B/L の違いを教えてください。

A 船舶を所有する船社あるいはその委託を受けた船舶代理店が発行するB/Lを Master B/L、船舶などの輸送手段を保有せずに、船舶を保有する船会社のサービスを利用して国際輸送サービスを提供する非船舶運

航業者（NVOCC）やフォワーダーが発行するB/LをHouse B/Lといいます。発行する主体が違うというだけで、運送書類としての役割や価値はまったく同じです。

Q Master B/LとHouse B/Lの関係はどうなりますか。

A NVOCC（あるいはフォワーダー）は船会社からFCL単位でスペースを買い取り、買ったスペースを仮にA、B、Cの3社の荷主に小分けして再販売し、それぞれにHouse B/Lを発行します。NVOCCはこれらの小口貨物を混載してFCLとして船積みし、Master B/Lを受け取ります。すると1通のMaster B/Lの下に3通のHouse B/Lがぶら下がるという関係になります。

Q B/L上のShipper欄とConsignee欄への記載内容はどう変わりますか。

A Master B/LではShipper欄はNVOCC名（あるいはフォワーダー名）、Consignee欄は揚げ地でB/Lを差し入れるNVOCCの現地支店または代理店となり、House B/LではShipper欄は荷送人、Consignee欄はStraight B/L（記名式B/L）ではB/L面上に記載された荷受人、Order B/Lの指図式ではTo Order of Shipperとなり、貨物を引き取る荷受人は荷送人が指定した荷受人で、B/Lが裏書で譲渡されていけば最後の所持人が荷受人となります。

Q 揚げ地でのB/Lの差し入れ先はどこになりますか。

A Master B/LではB/Lを発行した船会社の支店・代理店、House B/LではNVOCCの支店・代理店となります。

Q House B/Lで貨物の引き取りはできますか。

A House B/Lは荷送人とNVOCCの輸送契約で船会社とはまったく関係ありません。ですから着地でHouse B/Lを船会社に差し入れても運送品は引き取れません。

Q 信用状（L/C）決済でのB/Lの発行後の流れを教えて下さい。

A Master B/Lが発行されると荷主はそれを銀行に買い取ってもらいます。銀行はそのB/LをL/Cを開設した輸入地の銀行経由でL/Cの開設を依頼した者（荷受人）に買い取ってもらい、その荷受人は船社の代理店にB/Lを差し入れて運送品を受け取り、取引は完了します。L/C決済でない場合は荷主がB/Lを直接荷受人へ送ります。

一方、House B/LはNVOCCが発行し、L/C決済でしたら荷主はそれを銀行に買い取ってもらいます。その流れはMaster B/Lと同じです（6ページの図参照）。

（3）特殊なB/L

Hitchment Cargo B/L と Switch B/L

Q Hitchment Cargo B/L と Switch B/Lはどのような場合に使用されますか。

A 1つの輸出契約で荷主が2カ所以上の場所でサプライヤーから輸出品を受け取

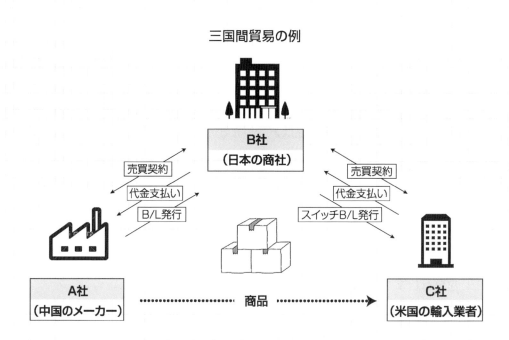

三国間貿易の例

B社
（日本の商社）

売買契約
代金支払い
B/L発行

売買契約
代金支払い
スイッチB/L発行

A社
（中国のメーカー）

商品

C社
（米国の輸入業者）

り、それぞれの発地から船積みするケースがあります。この場合、輸出貨物を最終港（地）で併合して1件のB/Lにまとめたものが Hitchment Cargo B/L（併合貨物船荷証券）です。最終港船積み（最終地受け取り）以外の貨物については、併合（Hitch）される最終港（地）まではローカル輸送の取り扱いとし、これに対し Local B/L を発行している場合はこれを回収し、併合される貨物を受け取り、すべて船積みが完了した時点で発行します。

　Switch B/L（引換船荷証券）は、途中の寄港地を仮の荷揚げ港（引渡地）として発行した B/L を、今度はそれと引き換えに仮の荷揚げ港（引渡地）を仕出し港（仕出し地）として発行する2番目の B/L のことです。例えば日本の商社Bの仲介で中国のメーカー

Aから米国の輸入業者Cに商品を輸出する際、まずAを荷主、Bを荷受人、積み地中国、仕向地米国でフォワーダーにB/Lを発行してもらいます。このB/LをBが日本で回収し、新たにBを荷主、Cを荷受人、積み地中国、仕向地米国で同じフォワーダーにB/Lを発行してもらい最初のB/Lと差し替えます。この2番目のB/Lが Switch B/L です。CがBの仲介を外してAと直接取引することを防ぐためAの身元がわからないようにする、などの目的で三国間輸送で使われます。

Multiple B/L

Q Multiple B/L とは何ですか。

A 通常1本のコンテナに1件の船荷証券（B/L）が発行されますが、コンテナ1本に複数のハウスB/Lが付く場合があり、こ

れを Multiple B/L といいます。L/C（信用状）など商売上の理由により、インボイス単位での B/L 作成が要求される場合があるからです。複数の B/L あるいは Waybill が発行されますが、これらの書類に記載される荷送人、荷受人はともに 1 社とします。

Q　例えば、インボイスの指定により A、B、C、D、E と 5 件のハウス B/L が発行されますが、そのうち A、B、C は同じコンテナに、D、E は別の同一コンテナに詰められ、運賃は A の B/L ですべてカバーされるとすると、B/L にはどのように記載すれば良いですか。

A　B/L 発行に際しては、A、B、C では同一コンテナであることの明記、そして運賃は「FREIGHT COVERED BY B/L "A"」と明記します。同様に D、E も同一コンテナであることを明記、運賃は同様に「FREIGHT COVERED BY B/L "A"」と記載します。

Q　その際、揚げ地でのコンテナの引き渡し方法はどのようになりますか。

A　貨物引き渡しは関連 B/L がすべて回収され、運賃の支払いが確認されてからとなります。その際、A、B、C、D、E のすべてが一緒にリリースされます。つまり、CY/CY 輸送では複数の B/L がすべてそろった時点で CY コンテナを引き渡すということです。船社あるいは NVOCC の CFS でデバンニングして、それぞれの荷受人が貨物を取りにくる場合は、CY/CFS 輸送となりますの

で、Multiple B/L とはいいません。CY/Door 輸送でも Multiple B/L はありません。また、国によっては Multiple B/L を認めないところがあります。

Q　Multiple B/L による CY/CY 輸送と、CY/CFS 輸送の違いとそれぞれのメリット、デメリットを教えて下さい。

A　CY/CY では、複数の荷受人の海貨業者が同じ場合は CY で早くコンテナを引き取ることができ、自社倉庫でデバンして仕分けができる点がメリットです。デメリットは複数の B/L がすべてそろわないと Delivery Order（D/O、荷渡し指図書）がもらえないことです。CY/CFS では、船社がデバンニングし、仕分けしてすぐ引き渡せますが、それまでの時間がかかるというデメリットがあります。

Q　Sea Waybill を Multiple B/L にすることができますか。

A　できません。Sea Waybill は揚げ地で回収する必要がないからです。

☞ **ここが POINT**

　B/L は運送貨物の受取証であるとともに、その貨物の明細、運送条件が記載されており、指定された場所で B/L の正当な所持人に、B/L と引き換えにその証券面上の運送品を引き渡すことを確約した引き換え証券ですから、オリジナル B/L の回収なくして貨物を引き渡してはいけません。

011

JIFFA MT B/Lの書式

Member of Japan International Freight Forwarders Association Inc.

WAYBILL
NON-NEGOTIABLE

Shipper	Waybill No.
Consignee	
Notify Party	Received by the Carrier from the Shipper in apparent good order and condition unless otherwise indicated herein, the Goods, or the Container(s) or package(s) said to contain the cargo herein mentioned, to be carried subject to all the terms and conditions appearing on the face and the back of this Waybill by the vessel named herein or any substitute at the Carrier's option and/or other means of transport, from the Place of Receipt or the Port of Loading and to the Port of Discharge or the Place of Delivery shown herein and there to be delivered unto the Consignee named herein, or his authorized agent, on production of such proof of identity as required by the Carrier. In accepting this Waybill, the Shipper agrees to be bound by all the stipulations, exceptions, terms and conditions on the face and back hereof and of the Carrier's applicable tariff, whether written, typed, stamped or printed, as fully as if signed by the Shipper, any local custom or privilege to the contrary notwithstanding, and agrees that all agreements or freight engagements for and in connection with the carriage of the Goods are superseded by this Waybill. Moreover, the Shipper accepts the said stipulations, exceptions, terms and conditions not only on his own behalf but on behalf of the Consignee and the Owner of the Goods and the Shipper warrants that he has the authority to do so.
	Party to contact for cargo release

Pre-carriage by	Place of Receipt	
Vessel　Voy. No.	Port of Loading	
Port of Discharge	Place of Delivery	Final Destination (Merchant's reference only)

Container No. Seal No. Marks and Numbers	No. of Containers or Pkgs	Kind of Packages; Description of Goods	Gross Weight	Measurement

Particulars furnished by Merchant. All descriptions contained herein considered unknown to the Carrier.

SPECIMEN

禁無断使用

Total number of Containers or other Packages or Units (in words)

Merchant's Declared Value (See Clauses 18 & 23):	Note: The Merchant's attention is called to the fact that according to Clauses 18 & 23 of this Waybill, the liability of the Carrier is, in most cases, limited in respect of loss of or damage to the Goods.

Freight and Charges	Revenue Tons	Rate	Per	Prepaid	Collect

Exchange Rate	Prepaid at	Payable at	Place and Date of Issue
	Total Prepaid in Local Currency	No. of Original Waybill(s)	In witness whereof, the undersigned, has signed the number of the Waybill(s) stated herein, all of this tenor and date.

Laden on Board the Vessel		
Vessel	Date	As Carrier
Port of Loading	By	

An enlarged copy of back clauses is available from the Carrier upon request.
This document is protected by anti-counterfeiting measures.

(TERMS CONTINUED ON BACK HEREOF)
©JIFFA MODEL FORM (16-10)

船荷証券が準拠する条約や法律

1. ヘーグ・ルールとヘーグ・ヴィスビー・ルール

Q　船荷証券の国際的な規則はありますか。

A　国際輸送ではトラブルが発生すると国境を超えて荷送人と運送人の利害が対立し、さまざまな混乱が発生します。そこで19世紀の後半には標準 B/L 書式が出現、世界的な統一規則の動きも活発になり、1924 年に船荷証券統一のための国際条約としてヘーグ・ルールが成立、1931 年に発効要件を満たして実施に移されました。

この規則には運送人が負うべき最低限の義務および責任、並びに運送人が享受可能な最大限の権利と免責事項が規定されています。船荷証券については、荷主の請求により B/L を発行する場合には、1）主要な荷印 2）荷送人が書面で提出した包装貨物の個数、容積または重量 3）貨物の外観上の状態を記載することを義務付けました。

その後、半世紀を経て時代の変化に対応し、1968 年にヘーグ・ルールの改定議定書、いわゆるヘーグ・ヴィスビー・ルールが制定されました。改定議定書では責任限度額の引き上げなどわずかな項目がヘーグ・ルールの体系の中で変更されるにとどまっており、ヘーグ・ルールの枠組みを変更するものではありません。

2. 商法・国際海上物品運送法

Q　日本の国内法で船荷証券に関する法律はありますか。

A　日本ではヘーグ・ルールを批准して国内法化するため 1957 年に国際海上物品運送法が施行されました。ヘーグ・ヴィスビー・ルールは 1977 年に発効しましたが、日本はこれを 1992 年に批准、これを取り入れて改正された国際海上物品運送法が 1993 年に施行されました。2018 年には商法が 120 年ぶりに改正され、同時に国際海上物品運送法も一部改正されて、船舶による物品運送や船荷証券などについては商法の第 2 編第 8 章第 2 節（物品運送）および同第 3 編第 3 章（海上物品運送に関する特則）の規定が適用されるようになりました。

Q　商法の船荷証券に関する規定とはどのようなものですか。

A　第 3 編第 3 章第 3 節では船荷証券に関して次のような規定をもうけています。

交付義務：運送人は、荷送人の請求により、運送品の船積み後に船積みがあった旨を記載した船荷証券を 1 通または数通交付する。

記載事項：以下の項目を記載し、運送人が署名する。

1 運送品の種類

2 運送品の容積もしくは重量または包若しくは個品の数および運送品の記号

3 外部から認められる運送品の状態

4　荷送人または用船者の氏名または名称

5　荷受人の氏名または名称

6　運送人の氏名または名称

7　船舶の名称

8　船積み港および船積みの年月日

9　陸揚げ港

10　運送賃

11　数通の船荷証券を作成したときはその数

12　作成地および作成の年月日

　Received B/L（受取船荷証券）では 7 と 8 の項目は除外されます。ただ、船積み日を記載して Shipped B/L（船積み船荷証券）に代えた場合は 7、8 を追加します。日本の運送人（船社、NVOCC など）が発行する B/L 記載項目は主にこの規定に準拠しています。

　荷送人の通知：上記項目の 1、2 は荷送人の通知通りに記載する。

　不実記載：B/L の記載が事実と異なった場合、運送人は善意の所持人に対抗できない。

　運送品に関する処分：運送品に関する処分は B/L によって行う。

　B/L の譲渡・質入れ：裏書禁止の記載がなければ記名式でも裏書で譲渡・質入れできる。

　引渡しの効力：運送品を受け取ることができる者に B/L を引き渡したときは、その引き渡しは運送品の引き渡しと同じ効力をもつ。

　引渡請求：B/L と引き換えでなければ運送

品の引き渡しは請求できない。

　数通の B/L の場合の引渡し：陸揚げ港では、運送人は数通のうち 1 通の所持人の引き渡し請求があればそれを拒めない。陸揚げ港外では、運送人は全通と引き換えでなければ運送品を引き渡せない。

　B/L の供託：2 人以上の B/L 所持人が引き渡しを請求したとき、運送人は運送品を供託することができる。供託したときは各所持人にその旨通知する。供託ではもっとも先に B/L を引き渡された所持人が優先する。

　Q　船荷証券の記載事項は各国共通ですか。

　A　船荷証券は発行する船会社によって書式は多少異なりますが、上記のように主要項目は法律や国際条約で決まっていますから、ほぼ共通の内容となっています。

3. ロッテルダム・ルールズ

　Q　ヘーグ・ルール、ヘーグ・ヴィスビー・ルール以外にも船荷証券にかかわる国際条約はありますか。

　A　ヘーグ・ルールの運送人の責任体系が先進海運国に利するとの認識のもと、荷主国が多い発展途上国と国連貿易開発会議（UNCTAD）を中心にまとめられた 1978 年国際連合海上物品運送条約（通称ハンブルグ・ルール）は従来のヘーグ・ルールの体系を根本的に変えて運送人の責任を許可した国際条約で、1992 年に発効したものの、日本を含

む主要海運国が批准していないためほとんど　　はなさそうです。

適用されておらず、今後も適用される見込み　　もっとも新しい条約では 2008 年の国連

ヘーグ・ヴィスビー・ルール／ロッテルダム・ルールズ／ハンブルグ・ルールの比較

	ヘーグ・ヴィスビー・ルール	ロッテルダム・ルールズ	ハンブルグ・ルール
適用運送契約	B/L または類似の証券を発行する海上物品運送契約。用船契約は対象外。	B/L を発行する・しないにかかわらず、国際海上運送区間を含む運送契約全般。用船契約は対象外。	B/L を発行する・しないにかかわらず、運送契約の海上輸送部分全般。用船契約は対象外。
適用要件	締約国で B/L が発行される・締約国の港から船積みされる・契約で本条約の適用に合意している場合。	貨物の受け取り地・船積み港・荷揚げ港・引き渡し地のいずれかが締約国の場合。	船積み港・陸揚げ港が締約国にあるか、B/L・Waybill が締約国で発行される場合。
責任主体	契約運送人（荷送人と契約を結んだ運送人）。	荷送人・契約運送人・海事履行当事者（海上輸送を実際に行う当事者）。	荷送人と契約運送人。
運送人の責任区間	運送品の船積みから荷揚げまで（Tackle to Tackle）。	受け取りから引き渡しまで（Door to Door）。運送契約を海上部分のみで合意している場合は Tackle to Tackle が認められる。	船積み港から荷揚げ港まで（Port to Port）で運送人が貨物をその管理下に置いている間（貨物の引き渡しまで）。
運送人の責任原則	過失責任。貨物の積み込み・取り扱い・運送・保管・荷揚げに関する注意義務。	貨物の受け取り・積み込み・取り扱い・積み付け・運送・保管・荷揚げ・引き渡しに関する注意義務。	過失推定の過失責任。
運送人の堪航能力担保義務	航海開始時点における堪航能力の担保義務。	航海開始時だけでなく航海中も引きつづき堪航能力を維持する。	航海中も堪航能力を維持する。
免責事由	海固有の危険、航海過失（航海に関する過失で発生した衝突、座礁など）、火災を免責（運送人自身の過失による火災は除く）。	航海過失免責を廃止。海固有の危険、火災は免責（運送人自身および履行当事者の過失による火災は除く）。	航海過失免責を廃止し、人命・財産の救助以外は免責なし。火災は免責も、運送人だけでなくその使用人の過失による火災も除外。
責任制限額	梱包単位あたり 666.67SDR または 1kg あたり 2SDR のいずれか高い方。コンテナ内貨物は B/L 記載の梱包単位を積み荷単位と見なし、記載のない場合はコンテナを積み荷単位とする。	梱包単位あたり 875SDR または 1kg あたり 3SDR のいずれか高い方。コンテナ内貨物は契約明細に記載の積み荷単位をその数とし、記載のない場合はコンテナ内貨物を積み荷単位とする。	梱包単位あたり 835SDR または 1kg あたり 2.5SDR のいずれか高い方。
遅延損害	規定なし。	運送人は貨物の延着に対して責任を負う。遅延損害の限度は延着貨物の運賃額の 2.5 倍までで当該運送契約の運賃総額を超えない額。	運賃の 2.5 倍まで。
荷送人の責任	B/L 記載事項の正確性について運送人に無過失責任を負う。	積み荷を輸送に堪える状態で運送人に引き渡す（FCL は荷送人が積み付け固定する）／積み荷に関する正確な情報と適切な指示を提供する／積み荷の適切な取り扱いに必要な情報を提供する／危険品の特質を通知する。上記義務違反から生じた損害は荷送人の責任。	B/L 記載事項の正確性について運送人に無過失責任を負う。危険品非告知の場合の損害について運送人にすべての責任を負う。
損害通知期間	損傷・滅失は引き渡し時、外部からは認められない隠れた損害は引き渡し後 3 日以内。	損傷・滅失は引き渡し時、外部からは認められない隠れた損害は 7 営業日以内に書面で。遅延は引き渡し日を含む 21 日以内に書面で。	貨物引き渡し日の翌営業日。外部からは認められない隠れた損害は引き渡し日の翌日から 15 日以内。
提訴期限	貨物引き渡し後、または引き渡されるべきだった日から 1 年。	貨物引き渡し後、または引き渡されるべきだった日から 2 年。	貨物引き渡し後、または引き渡されるべきだった日から 2 年。
裁判管轄	規定なし。	運送人の本拠地、貨物の受け取り・引き渡し地、船積み・荷揚げ地、契約上の管轄地などだが、締約国のみに適用される。	専属的管轄地の合意は不可。運送人の所在地、船積み・陸揚げ港で訴訟手続き可能。

総会で採択された「全部又は一部が海上運送による国際物品運送契約に関する国連条約」（通称ロッテルダム・ルールズ）があります。ヘーグ・ルールとヘーグ・ヴィスビー・ルールの適用範囲が海上輸送に限られているのに対してロッテルダム・ルールズはドアツードアの複合輸送全体にまで適用範囲が広げられるほか、電子船荷証券の規定も盛り込み、また、運送人や荷主の義務と責任を強化、さらに運送人から貨物の受け取り、積み込み、取り扱い、積み付け、運送、保管、荷揚げ、引き渡しなどを請け負う業者を海事履行者（Maritime Performing Party）と定義づけて運送人と同様の義務と責任を負わせるなど、船荷証券の枠組みを大きく変更する内容となっています。

Q ロッテルダム・ルールズが近い将来発効する可能性はありますか。

A 発効要件は20カ国以上の批准となっています。2019年末時点で米国、フランス、オランダなどの先進国を含む26カ国が署名

していますが、批准は5カ国にすぎません。日本はまだ署名も批准もしていません。米国は批准を検討していると言われており、仮に批准すれば日本を含む先進国が追随して発効する可能性が高いと思われます。現在は前述のようにヘーグ・ルール（米国など）、ヘーグ・ヴィスビー・ルール（日本などの先進国）、ハンブルグ・ルール（主に発展途上国）、そのほか各国独自の国内法（中国、台湾、韓国、ブラジルなど）など船荷証券にかかわる法制度は多様ですが、ロッテルダム・ルールズが発効すればこれが世界標準になるのではないかと見られています。

4. 信用状統一規則

Q 海外との取引での信用状（L/C）決済に船荷証券が必要なのはどうしてですか。

A 貿易はさまざまな国との商取引なので、売り手（輸出者）の最大の関心事は商品代金の回収です。そこで代金の決済に信用状（L/C）が利用されることがあります。L/C決済とは買い手（輸入者）の取引銀行がL/Cを発行して支払いを保証することです。輸出者にとっては銀行が支払いを保証しれくれるので、もっとも確実な代金回収手段となります。L/C決済では各国の法規制や商慣習などが異なることでトラブルが発生

ロッテルダム・ルールズの署名式セレモニー（2009年9月、ロッテルダム）

することを避けるため、1933年に国際商業会議所（ICC）によって国際規則が定められました。それが信用状統一規則（正式には荷為替信用状に関する統一規則および慣例）です。この規則は時代の変化に応じて改訂され、現在は2007年に改訂されたICC出版番号600（UCP600）が最新版です。

Q B/Lに関してどのような規定がありますか。

A UCP600ではその第14条で受益者（輸出者）に、船積み後21日以内に運送書類を指定銀行（輸出者の取引銀行）に提出することを義務付けています。運送書類を提出してはじめて代金の支払い請求をすることができます。銀行に提出するその運送書類一式の一つに船荷証券が含まれています。第20条では船荷証券について大要次のように規定しています。

・運送人の名称を明記し、運送人または運送人の代理人、あるいは船長または船長の代理人の署名がある。
・運送品が信用状記載の船積み港で本船に船積みされたことが事前の印刷物の文言、あるいは船荷証券のOn Board Notation欄で明示されている。B/L発行日は船積みの日とみなされ、On Board Notation欄がある場合はこの欄に記載されている船積み日が発行日となる。
・信用状に記載されている船積み港から荷揚げ港までの輸送であることが明示されている。
・オリジナル1通か、あるいは船荷証券に記載されている全通（通常3通）である。
・運送約款が明記されている、あるいは約款を記載している出所の言及がある。
・用船契約とのかかわりがいっさい記載されてない。

☞ここがPOINT

日本発着の航路でコンテナ輸送が始まってすでに50年以上が経過、この間定期船輸送システムが激変、それに伴った法律や条約が改正され、新規則が導入されてきましたが、それでもつねにビジネスの実態が先行しています。その点、ロッテルダム・ルールズは画期的な規則であり、先進国、途上国双方の支持を得ています。本稿でも述べている通り、発効すれば世界標準になると思われます。批准国はまだ1ケタで発効要件の20カ国には遠く及びませんが、すでに署名を済ませている米国が批准すれば追随する国の数が加速し、一気に発効要件を満たす可能性があり、米国の動向に注意を払う必要があるでしょう。

JIFFA MT B/Lの裏面約款

JAPAN INTERNATIONAL FREIGHT FORWARDERS ASSOCIATION INC. (JIFFA)
TERMS AND CONDITIONS OF MULTIMODAL TRANSPORT BILL OF LADING (2013)

1. DEFINITIONS

2. CLAUSE PARAMOUNT

3. DESCRIPTION OF THE GOODS, NEGOTIABILITY AND TITLE TO THE GOODS

4. GOVERNING LAW AND JURISDICTION

5. CARRIER'S TARIFF

6. LIMITATION STATUTES

7. CARRIAGE COVERED BY MULTIMODAL TRANSPORT BILL OF LADING

8. METHODS AND ROUTES OF CARRIAGE

9. INSPECTION OF GOODS

10. CONTINGENCIES

11. OPTIONAL STOWAGE AND DECK CARGO

12. DANGEROUS GOODS AND CONTRABAND

13. HEAVY LIFT

14. AUTOMOBILE AND OTHER UNPACKED GOODS

15. IRON, STEEL AND METAL PRODUCTS

16. LIVE ANIMALS AND PLANTS

17. TEMPERATURE CONTROLLED GOODS

18. VALUABLE GOODS

19. DELIVERY OF GOODS

20. DELIVERY BY MAIL

21. SPECIAL DELIVERY OF GOODS

22. LIABILITY OF THE CARRIER

23. LIMITATION OF LIABILITIES

24. DEFENSES

25. LIABILITY OF SUB-CONTRACTORS, SERVANTS, AGENTS AND OTHER PERSONS

26. NOTICE OF CLAIM AND TIME BAR

27. MERCHANT'S RESPONSIBILITY

28. MERCHANT PACKED CONTAINERS

29. CARRIER'S CONTAINER

30. FREIGHT AND CHARGES

31. LIEN

32. GENERAL AVERAGE

33. BOTH-TO-BLAME COLLISION AND NEW JASON CLAUSE

34. VARIATION OF THE CONTRACT

35. U.S.A. LOCAL CLAUSE

III 船荷証券の記載項目

Q 船荷証券に記載すべき事項にはどのようなものがあるでしょうか。

A 商法（第758条）では記載すべき12項目（受取船荷証券では7と8の項目は除外）を挙げています（P.13参照）。それ以外にも任意記載事項もあり、現在、船会社やNVOCCが使用している船荷証券の記載項目は20～30項目あります。これらの項目はB/Lの書式（例えばオーシャンB/Lと複合運送証券）によって多少異なる部分もありますが、Master B/LもHouse B/Lもほぼ同じです。

1. 法定記載事項

Q 法定記載事項とは具体的にどのような内容でしょうか。

A 以下の12項目から成っています。

(1) Description of Goods （運送品の種類）

Q ここには何を記入しますか。

A 主に運送品を個別化する品目名や梱包の種類などを記載します。曖昧な表記だと税関検査となる可能性がありますから具体的に品名を表記します。どこまで詳しく書くかについてはとくに要求されていません。荷送人から受け取ったShipping Instruction（船積み指図書）に記載されている品名、荷姿を記載すれば足ります。そのほかの事柄も記載できますが、輸送に関係することが望ましく、商売上の内容やとくに数字の記載には注意が必要です。

Q 危険品の場合に追加すべき情報はありますか。

A 危険物輸送の規制が国ごとに異なると安全な輸送に支障をきたし、最悪の場合は重大な事故が発生する恐れがあります。そのため、国連の下部機関である国際海事機関（IMO）が国際海上危険物規程（IMDGコード）を定め、危険物を1～9まで大まかにクラス分けしています。国連も「危険物輸送に関する勧告」（通称オレンジブック）という統一的なガイドラインを定めて1956年に初版を発行、現在は第19改訂版がでています。ここには危険物の対象となる品目を細かく分けてそれぞれに4ケタの番号（UN NO.）をつけています。B/LにはIMDGのクラスとそれに続いてUN NO.を記載しなければなりません。

Q CY受けFCLコンテナの場合にとくに記載すべきことはありますか。

A 荷主が空コンテナに貨物を詰めてシール（封印）するので、その場合は「中身の状態について運送人は責任を負わない」という不知約款の文言 "Shipper's Load & Count" を入れます。また、梱包の中身や重量などは運送人が確認できないので "Said to Contain" という文言も付記します。2016年にSOLAS条約が改正されて総重量の確定方法が定められたため、不知文言につい

て、荷主が計量をして詰めたという意味で "Shipper's Calibrated Weight, Load and Count"、"Said to Contain" としている運送人もいます。

Q ２本のコンテナの輸送依頼で、荷主からそれぞれのコンテナの中身の個数・数量も明記して欲しいと依頼されました。どう対応すればよいですか。

A 不知約款を入れていれば、それぞれの個数・数量を明記しても中身の数量には責任を負う必要はありませんから、２本とも個数・数量数量を明記しても問題ありません。

Q LCL でも内個数のあるパレット、スキッドの荷姿の場合、どのように記載しますか。

A パレット、スキッドで内個数がある場合は、中身は知らないという意味で "Said to Contain" と記載します。

Q "Merchant's Reference Only" と記載すればどのような事項でも B/L 面上に記載することができるのでしょうか。例えば、インコタームズや冷凍コンテナの温度設定の数字、インボイス価格などを明記してもよいですか。

A とくに制限はありませんが、貿易条件など運送に関係ない文言は控えた方がよいでしょう。例えば、売主（輸出者）と買主（輸入者）の権利・義務は当事者間の取り決め事項であり、一般的に適用される条約・法律ではありません。運送条件の変更や事故などが

あった場合に責任を負えないため記載しないようにしましょう。"Merchant's Reference Only" と記載すれば何でも記載してよいわけではありません。

Q "Clean on Board" を B/L 面上に明記して欲しいと言われました。どう対応すればよいでしょうか。

A 明記する必要はありません。なぜなら UCP600（信用状統一規則）にあるように、瑕疵（かし）ある現況を明示的に宣言した条項または付記を表示していなければその運送書類は "Clean on Board" であることを意味します。したがって、運送書類上にそれを明記する必要はありません。

Q B/L 面上に商品価格を記載したいと言われました。どうすればよいでしょうか。

A B/L の裏面約款にあるように、もし記載して当該貨物に何か問題が起きた場合、その価格に対して損害賠償を負わなければならなくなってしまいます。原則として価格は記載しない方がよいでしょう。

(2) Measurement, Weight, Number of Package, Marks & Nos.（運送品の容積もしくは重量または包もしくは個品の数および運送品の記号）

Q 何を記載する欄ですか。

A 総重量・総容量を記入します。これも Shipping Instruction の記載どおりにします。商法では容積、または重量、または個品の数

を記載するとしていますのでどれか一つを記載すれば足ります。

Q Net Weight（正味重量）と Gross Weight（総重量）があった場合、通関上はどちらを記載しますか。

A 通関上は Gross Weight です。

Q Weight の制限はありますか。もしあるとしたらどのくらいで、その根拠は何ですか。

A ISO（国際標準化機構）規格のコンテナ総重量、40 フィートコンテナ 30.480 トンが世界的な基準で、日本もこれを採用しています。

Q Measurement（容積）の記載がない（ドックレシートに明記されていない）場合、Weight だけの記入でもよいですか。

A 品名によりますが、明らかに重量建ての場合そういったケースはあります。その場合、船社は最大値を NACCS に入力しています。税関上必須項目だからです。ですが、一応荷主に聞くことも必要です。

Q SOLAS 条約の改正で 2016 年 7 月から船積みされる国際海上輸出コンテナの総重量を計測・確定することを義務づけた総重量確定制度が実施されていますが、これはどういうものですか。

A 船社が発行する B/L に荷送人として記載される者は、1）貨物の入ったコンテナの総重量を適切な計量器で計測する方法、2）適切な計量器で貨物と梱包材を計測し、それらと空コンテナ重量を足し合わせる方法のいずれかで重量を確定し、確定したコンテナ総重量を船積み書類に記載しなければなりません。荷送人からコンテナ総重量の情報提供がなく、船長（その代理人）あるいはターミナル代表者がコンテナ総重量を入手していない場合、そのコンテナは船積み禁止となります。

また、総重量が ISO 規格の総重量を超過している場合は荷主に教えることが重要です。超過が露見すると罰則が科せられます。

（3）Apparent Good Order and Condition of Goods（外部から認められる運送品の状態）

Q どのようなことを記載すればよいでしょうか。

A 引き渡し・受け取り・船積み時における運送品の状態を表示します。仕向け地での荷揚げ後、荷受人に運送品が損傷状態で引き

ターミナルゲートで外観のチェック

渡された場合、それが積み地での引き取り・船積み前に生じたのか、あるいは航海中・引き渡し前に生じたのかが問題となります。良好な状態で引き渡したことが記載されていればそれは重要な証拠となります。

船会社の B/L フォームでは「‥‥in apparent good order and condition unless otherwise indicated herein」あるいは「‥‥in apparent external good order and condition except as otherwise noted」などの文言が印刷されているのが一般的ですから、とくに損傷などについての Remarks（摘要）の記載やスタンプが押されてなければ良好な状態で船積みされたということになります。

(4) Shipper（荷送人の氏名または名称）

Q Shipper の意味と Shipper 欄には何を記入するか教えてください。

A Shipper（荷送人）は運送人と運送契約を結び、運送人に船積み依頼をする当事者を指します。荷送人とほぼ同義で輸出業者（Exporter）もよく使われますが、輸出業者は税関申告する当事者です。日本発の貿易取引では荷送人と輸出業者はほぼ同じだと考えていいと思います。この欄には荷送人の名称と住所を記入します。

Q 荷送人には誰でもなれますか。日本法人、個人、外国法人（日本居住）など、決ま

りはありますか。

A 決まりはありません。ただし、Combined Transport B/L(Multimodal Transport B/L) の場合、とくに Consignee の欄が "To Order" あるいは "To Order of 〜" となっている、つまり Order B/L（指図式船荷証券）の場合には荷受人の裏書 * は必須条件です。"To Order of 〜" は荷受人を指定している場合で「記名式裏書」と言われています。通常〜の部分は Shipper となっていることが多いのですが、L/C 取引では輸入地の発行銀行名が記載されることもあります。"To Order" のみの場合は B/L の持参人であればだれでも貨物を引き取ることができます。このように指図式では裏書署名が必要になるので、そのことを念頭に置き、発行後に訂正をしないようにする必要があります。

  * 裏書：Endorsement。B/L の権利を譲渡するために B/L の所持者が B/L の裏面に署名すること。

Q 荷受人欄が "To Order" の B/L（指図式 B/L）の場合、発行されると荷送人にどのように影響を及ぼしますか。またそれはどのように変化しますか。

A 荷送人の裏書（Endorsement）が必要になります。裏面に被裏書人（譲渡先）を記載しないでブランクのまま荷送人が裏書人として単に署名をする白地裏書（Blank Endorsement）か被裏書人が指定され記名式裏書（Full Endorsement）かによって違いが出ます。白地裏書の場合は B/L の所持人が

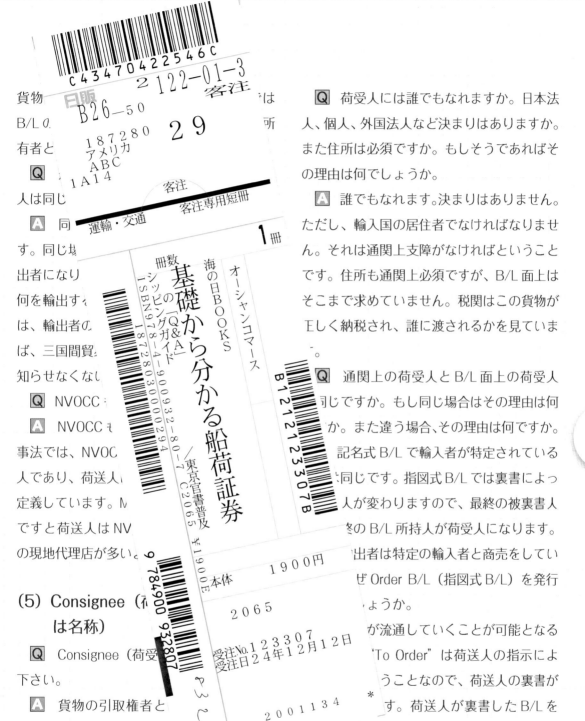

貨物...

B/L...

有者と...

Q ...人は同じ...

A 同...す。同じ...出者になり...何を輸出す...は、輸出者の...ば、三国間貿...知らせなくない...

Q NVOCC...

A NVOCC...事法では、NVOC...人であり、荷送人...定義しています。M...ですと荷送人はNV...の現地代理店が多い...

(5) Consignee (荷...は名称)

Q Consignee (荷受...下さい。

A 貨物の引取権者と...の欄の記入の仕方は、Stra...船荷証券）では特定の会社...個人名など、指図式B/Lでは "To Order" あるいは "To Order ～" となります。

Q 荷受人には誰でもなれますか。日本法人、個人、外国法人など決まりはありますか。また住所は必須ですか。もしそうであればその理由は何でしょうか。

A 誰でもなれます。決まりはありません。ただし、輸入国の居住者でなければなりません。それは通関上支障がなければということです。住所も通関上必須ですが、B/L面上はそこまで求めていません。税関はこの貨物が正しく納税され、誰に渡されるかを見ています。

Q 通関上の荷受人とB/L面上の荷受人...同じですか。もし同じ場合はその理由は何...か。また違う場合、その理由は何ですか。

...記名式B/Lで輸入者が特定されている...同じです。指図式B/Lでは裏書によっ...人が変わりますので、最終の被裏書人...後のB/L所持人が荷受人になります。

...出者は特定の輸入者と商売をしてい...ぜOrder B/L（指図式B/L）を発行...しょうか。

...が流通していくことが可能となる...'To Order"は荷送人の指示によ...うことなので、荷送人の裏書が...す。荷送人が裏書したB/Lを...取った人（法人）が裏書して被裏書人（次の権利者）になり、B/Lの最終所有者が決まります。指図式B/Lですと裏書によって所有権者が変わりますから、転売の気持ちがあるバイヤーは指図式B/Lを希望します。こ

れは主に輸入商社に多いようです。

(6) Carrier（運送人の氏名または名称）

Q この欄に船会社の名称を記入すれば良いのでしょうか。

A 運送契約の一方の当事者である運送人（船会社、NVOCC など）の名前を記載し、運送人の同一性を明確にします。運送人が発行する B/L の表面上部に社名が印刷されている場合が多く、これで足りています。

(7) Vessel Voy. No.（船舶の名称、航海番号）

Q 本船名を記載するだけでいいですか。

A 船積みした本船の船名と航海番号を記入します。国籍の記載が求められた場合はこの欄の船名の後に付けます。

Q 本船名は必須事項ですか。

A コンテナ船に限定した場合、最初は Received B/L として発行されますが、荷主の依頼があれば Shipped B/L（船積み船荷証券）に差し替えられ、本船名は絶対記載事項です。積み替え約款が認められていますので、途中で積み替えの可能性もあり、B/L 記載の本船で一貫輸送されるとは限りませんが、Through B/L として船会社は最後まで責任を持ちます。在来船は積み替えがないので最初から Shipped B/L の書式で発行されます。

Q 船積みが 2（two）船以上にまたがっ

た場合、この欄にはどの本船が記載されますか。また、最初のフィーダー船も記載して欲しいと言われたらどうすればよいでしょうか。

A 基本的にはマスター B/L の本船名が記入されます。フィーダー船は Description 欄に記載されます。

Q 明記する本船に決まりはありますか。

A あります。通常 House B/L は Master Vessel の本船に合わせます。それは船社が税関に提出する B/L の本船に合わせるということです。

Q 本船の船籍証明（Flag Certificate）を荷主から要求されたらどのように対応すればよいでしょうか。

A 当該本船を運航している船会社に依頼して入手します。

(8) Port and Place of Loading（船積み港および船積みの年月日）

Q ここには何を記載しますか。

A 本船に運送品を積み込む出港地の都市名と国名を記入します（都市名、国名の順）。Shipped B/L には船積みの日付を記載する欄はありませんが、信用状統一規則（UCP600）には B/L の発行日を船積み日と見なすという規定があります。B/L 表面の下にある B/L 発行日欄の日付がそれになります。Received B/L では船積みの日付の入った On Board Notation（船積み証明追記）が

B/L に付け加えられます。

Q バルク貨物の場合、どのような表記になりますか。あるいは表記しなくてもよいですか。「BT」マークは何を意味しますか。またこの欄への記入で問題ないでしょうか。

A BT とは Berth Terms の略です。積み地、揚げ地での船内荷役費用を船会社が負担するという用船契約の取引条件です。つまりこの貨物がバルク貨物であることを意味します。この欄に BT を明記してもかまいませんが必須ではありません。B/L がコンテナ B/L の場合はバルク貨物とわかるようにした方がよいからです。表記は、例えば神戸積みであれば Kobe Japan BT となります（BT は必須ではありません）。参考までに、BT とは積み込み料金プラス運賃を意味します。

（9）Port of Discharge（陸揚げ港）

Q Port of Discharge の意味は何ですか。

A 本船が入港し、運送品が荷揚げされる港（地名）で、運送契約の義務が完了する地です。入港地の都市名、国名の順に記載されます。

Q L/C 上の理由で、Port of Discharge の明記について Tokyo ／ Long Beach ／ Houston USA の Long Beach を除いて欲しいと言われました。どう対処すればよいでしょうか。

A L/C 上の理由であることを確認して対処しますが、米国の場合は最初の入港時の登

録があるのでそれはできません。

Q 本船出港後に荷送人からコンテナ 15 本のうち 4 本を揚げ地の国内で揚げ地変更をしたい、との要請があり揚げ地変更を船社に依頼して了解が取れました。輸入地ではコンテナの引き渡しに際して、注意すべきことはありますか。

A 積み地代理店からの Correction Advice を確認して、荷受人からオリジナル B/L を全通回収します。 Sea Waybill の場合はその必要はありません。

（10）Freight（運送賃）

Q この欄には金額を記入しなくてもいいのでしょうか。

A 運賃の明細が記載される欄で法定記載事項の一つですが絶対記載事項ではありません。運賃前払いの場合、単に "As Arranged" とのみ記載し、運賃額・率などを記載しないことがあります。他社に運賃を知られたくないという理由によるものです。運賃前払い（Prepaid）、後払い（Collect）の別は明記する必要があります。それは、運送契約が請負契約と見なされ、その場合、特約がなければ報酬請求権は請負が完了した後にはじめて発生すると考えられていますから、前払いの記載がなければ後払いと見なされるからです。

Q 記載される場合と記載されない場合がありますが、どういう理由でしょうか。

A　記載しなければならないのは主として南米です。とくにブラジルでは"As Arranged"は禁止になっておりオリジナル、コピーとも運賃を記載します。一般的に発展途上国では運賃記載の指示が多いので要注意です。

(11) Number of Original Bs/L（数通の船荷証券を作成したときは、その数）

Q　B/L の発行枚数に決まりはありますか。

A　商法では荷送人の請求で 1 通または数通を交付しなければならない（第 757 条）と規定されていますが具体的な枚数の規定はありません。オリジナルが 1 枚あれば荷揚げ地で貨物を引き取るとことができますから 1 枚でも良いのですが、通常 3 枚が 1 組として発行されます。3 枚がすべてオリジナルとなります。クーリエサービスや IT が発達する前は郵送しかなく、トラッキング（追跡）ができませんでしたから、不着や紛失、汚損などの郵便事故や盗難の恐れがあったため複数枚数が発行されるようになりました。国によっては 4 枚の場合もあります。3 枚発行すると 3 回に分けて荷受人に送ることができ、1 通が無事到着すればコンテナは引き取れます。貨物が荷受人に引き渡されるとほかの B/L は自動的に無効となります。Sea Waybill は通常 1 枚です。

Q　何枚発効したかを B/L に記載する必要はありますか。

A　あります。B/L の表面にその記載欄がもうけられていますので必ず記載します。

Q　複数の発行だと、オリジナル B/L を所持する複数の人から貨物の引き渡しを請求される恐れはありませんか。

A　仮に 3 通が発行された B/L で、2 人以上の B/L の所持人がいる場合、その 1 人が他の所持人より先に運送人から運送品の引き渡しを受けたとき、他の所持人の B/L はその効力を失います。2 人以上の B/L の所持人が運送品の引き渡しを請求したときは、運送人はその運送品を供託することができ、供託する場合はそれぞれの B/L 所持人にその旨の通知をしなければなりません。

(12) Place and Date of Issue（作成地および作成の年月日）

Q　発行地とはどこになりますか。

A　B/L が署名された地となります。B/L の発行にかかわる国際私法の問題が生じた場合、作成地はどこの国の法律を準拠法とするかの決定に関連してきます。

Q　発行日はどの時点の日付となりますか。

A　B/L は輸出通関を済ませ、船積みが終了すると発行されます。船積み日＝出港日＝ B/L 作成日 =B/L 発行日というのが一般的ですが、本船出港日がずれることもあります。

Q Received B/L（受取船荷証券）の発行日はどうなりますか。

A 船積み前にコンテナヤードで船会社が貨物を受け取った後、発行されます。信用状取引では Shipped B/L（On Board B/L、船積み船荷証券）が要求されますから、船会社が On Board Notation（船積み証明追記）欄に船積み日と本船名を記入、それに署名をつけて Shipped B/L とします（第1章3（2）「Received B/L と Shipped B/L の違い」参照）。この On Board Notation に記載された船積み日が B/L 発行日となります。

Q 三国間の場合はどのように記載しますか。例えば Hong Kong - Seattle の輸送で、東京で B/L を作成した場合はどうすればよいでしょうか。

A 発行地は東京、B/L Date は Hong Kong 出港日となります。

Q 記名式の Combined Transport B/L に関して、本船の入出港日は当初9月29-30日でしたが、出港日が大幅に遅れて10月10日になってしまいました。荷主に B/L Date は当初の予定通りどうしても9月30日が必要だと言われました。どう対応すればよいでしょうか。

A まずコンテナがいつヤードに搬入されたかを確認します。搬入日が9月30日であれば、Received B/L としてなら発行できます。

Q B/L の Back Date というのはどういう意味ですか。

A B/L Date の意味は「B/L の発行日」です。本船の入港日から出港日までの間の日付を指定できますが、実際の入出港日が適用されます。Back Date とは、実際に入港するより前の日付で B/L を発行することです。これは、実際に船積み行為を行うより前の日付を有価証券に記載することになるため、たとえ L/G（保証状）を取得したとしても、万一問題が起きた場合、第三者からのクレームに対抗することはできません（商法760条）。さらに有価証券の偽造罪（刑法163条）に問われ、懲役刑を受ける可能性があり、その会社も同義的責任は避けられないことになります。したがって、B/L の Back Date は絶対に行わないことです。ただし、Received B/L の場合は別で搬入日を船積みとすることができます。

なお、B/L の発行地、発行日は法定記載事項の一つではありますが絶対記載事項ではないので、これらの記載が欠けても B/L の証券としての価値が無効となるわけはありません。ただ、B/L は発行地、発行日が記載され、署名が入って初めて有価証券として流通します。

2．任意記載事項
(1) Final Destination（仕向け地）

Q この欄には何を記入しますか。

A 荷主の希望する貨物の最終仕向け地

ですが、必須ではなく、ほとんどの場合ブランクですが、荷主の依頼で明記される場合があります。B/L 書式ではこの欄に"for Merchant's Reference Only"と印刷されている場合が一般的です。通し船荷証券（Through B/L）が発行される場合、荷揚げ港の欄に接続港を記載し、本欄には最終仕向け地（都市名、国名）を記載します。

Q 営業から Shipping Instruction（S/I：船積み指図書）にも記載があるので、この欄にも明記するように依頼されましたがどう対応すればよいですか。

A 運送品の引渡地（Place of Delivery）が同じである必要があります。引渡地が同じであっても、例えばインドのカルカッタで下ろして陸送で最終仕向け地がネパールにある場合は国が変わるのでその場合は避けてください。どうしても明記の必要があるのであれば、Description of Goods 欄の方が好ましいでしょう。その際は"for Merchant's Reference Only"を付けます。荷送人が Final Destination まで運送人の責任があると誤解する恐れがありますから。運送人の責任はあくまで Port of Discharge あるいは Place of Delivery です。

（2）Place of Receipt, Place of Delivery（荷受地、荷渡地）

Q ここは運送人にとっての荷受地と荷渡地ということでしょうか。

A そうです。荷受地とは運送人にとっては運送品の受け取り地、荷渡地は運送品の引き渡し地です。いずれも都市名、国名の順に記載されます。Multimodal Transport B/L（Combined Transport B/L）が発行されるコンテナ輸送の場合、荷受地は運送人の責任区間の始点を示し、引き渡し地は運送人の責任区間の終点を指します。

Q 荷受地とは具体的にはどこでしょうか。

A 通関後の搬入場所、CY（コンテナヤード）です。そこから輸送責任範囲が開始します。FCL（Full Container Load）貨物は CY の Marshalling Yard（船積みに備えてコンテナを荷役順に配列している待機場所）まで運ばれ本船積みを待ちます。小口の LCL（Less-than Container Load）貨物は Container Freight Station（CFS）に移動され、ここで混載貨物がバンニングされます。CY、CFS ともに保税地域となっています。ブレイクバルク貨物（在来貨物）は直接本船サイドに運

揚げ地港に接岸

ばれます。

Q コンテナの場合、この欄では何を注意して確認すればよいですか。

A 引き渡しの形態、CY か CFS か、あるいは Door かを確認します。それによってコンテナの引き渡し方法がわかります。

Q 在来船（Ocean B/L）の場合はどのように記載すればよいですか。しなくてよいですか。

A Place of Receipt 欄はブランクにし、Port of Loading 欄に地名を記入しますが、そこに BT（Berth Terms、船社が積み地での積込費用と揚げ地での荷卸費用を負担する条件）と記載することもできます。ただし決まりではありません。Place of Delivery 欄は記載する必要はありません。在来船は陸揚げされた場所で運送責任完了となるのでブランクにします。

（3）B/L No.（船荷証券番号）

Q B/L No. の記載欄がありますが、これはどういう意図ですか。

A 運送人の事務処理の便宜のため記載されます。この番号は運送人や荷送人など関係者にとって共通の参照番号となるので必ず記載します。

（4）Notify Party（通知先）

Q 通知先とは荷受人と同じですか。違うとしたら荷受人とはどういう関係になりますか。

A この欄には輸入地で貨物の到着案内（Arrival Notice）を受けとる者の名前（会社名）、住所、電話番号、FAX 番号、e メールアドレスを記載します。Straight B/L（記名式 B/L）で荷受人と同じであれば "Same As Consignee" とするのが一般的ですが、国によって Same As Consignee の記載を認めないこともありますから、事前に確認が必要です。

Q 荷受人以外でもなれますか。

A なれます。輸入通関を委託している通関業者名が記載されることもあります。通関業者は Arrival Notice が送られてくるとあらかじめ荷受人からあずかっている通関書類をもとに貨物到着後すぐに通関手続きを済ませることができるという利点があります。

Q ブランクでもいいのでしょうか。

A 運送人は、荷受人に対し運送品の到着を通知する義務があるとする法制を取る国とそうでない国とがあります。日本は商法では運送品の陸揚げ準備が完了したとき、船長は遅滞なく荷受人に対してその旨の通知をするとしています（第 752 条）。法律で義務付けられていなくても、荷捌きなどで無用の混乱を避け、貨物引き渡しの流れがスムーズにいくよう、本欄記載の名宛人に対しあらかじめ到着予定を通知して準備を促す場合のほうが多いようです。

Q House B/L を発行した後に Notify

Party の訂正依頼があった場合、どう対応すればよいですか。

A　まず基本に則って House B/L を全通回収して訂正します。全通回収できない場合は Correction Advice（訂正通知）で対応します。

Q　Notify Party に何社もなれますか。

A　とくに決まりはありませんのでなれます。ただ優先順位などを明記する必要があります。Notify Party は Arrival Notice の送り先ですから複雑では困ります。

（5）Pre-carriage（接続輸送）

Q　Pre-carriage とはどういう意味でしょうか。

A　フィーダー船が利用されることを意味しています。本船への船積み前に別の港で貨物を受け取り、船積み港までフィーダー輸送して母船に積み替えるという場合、フィーダーの船名と航海番号を記載する欄です。

（6）Signature（署名）

Q　誰のサインが必要なのでしょうか。

A　船荷証券に必要な記載をしたあと、運送人または運送人の代理人（代理店）の署名権者が署名もしくは記名・捺印しますが、手書きの署名が一般的です。そうすることによってはじめて有効な船荷証券となり、貨物受取証、運送契約書、権利証券、有価証券という B/L の機能を発揮することができます。

Q　Received B/L（受取船荷証券）では署名欄が２つありますが。

A　書面全体の署名と "Laden on Board the Vessel" の欄です。後者には日付と署名欄があります。船積みをした日付を記入し、運送人（またはその代理人）が署名すれば Shipped B/L（船積み船荷証券）となります。この欄の署名は、書面全体の署名があれば運送人が特定されていますから省略されることもあります。

（7）Container No. ／ Seal No. ／ Marks and Number（コンテナ番号／シール番号／荷印および番号）

Q　何を記入する欄ですか。

A　コンテナ番号とはコンテナの側面と扉に印字されたアルファベットの４文字と７ケタの数字のセットです。シール番号とはコンテナの扉をロックしたシールの番号です。荷印とは貨物が特定できるよう梱包（段ボール箱など）や容器の外側に印字されているもので、Case Marks あるいは Shipping Marks とも言われます。これらを記入する欄です。LCL 貨物ではコンテナ番号とシール番号の記載は必要ありません。

Q　Shipping Marks にはどんな意味がありますか。

A　LCL 貨物の区分けに必要な記号で Shipping Instruction に記載されています。梱包などの見やすい場所に送り先、仕向地、

梱包や容器が複数の場合はシリアル番号、原産地などが印字されています。数字記号に決まりはありません。絵文字でも構いません。文字も決まりはありません。ただ貨物の区分けに困難な文字などは避けた方がよいでしょう。

Q　Shipping Marks は FCL の場合と LCL の場合とで相違点はありますか。

A　FCL はコンテナの運送であり中身が見えないので、NO MARKS (N/M) も可能です。しかし LCL は CFS でコンテナを開けるので貨物の荷姿が見えます。そのため、分かりやすいマークが区分けに必要となります。

Q　Number とは何の番号でしょうか。

A　梱包のシリアル番号です。同じ梱包がいくつもある場合は連番がつけられています。

Q　ハウス B/L3 通がすでに発行され、そのうちファースト／セカンドはすでに海外に送付済み、サード B/L はまだ日本にあります。ところが、コンテナ 2 本のうち 1 本のコンテナ番号の数字が一部間違っていて、顧客から B/L 訂正の依頼を受けました。どのように対処すればよいでしょうか。

A　まず Master B/L のコンテナ番号をチェックし、House B/L の誤記載を確認します。House B/L の訂正は、本来フルセットを回収して行いますが、この場合は時間的要因もあり、Correction Advice（訂正通知）での処理が好ましいでしょう。現地代理店に

Correction Advice を送付し、正しいコンテナ番号を記載した Arrival Notice を発行してもらうように依頼します。そして裏書された House B/L を回収の上、貨物をリリースして貰ってください。船社のコンテナ番号は正しく記載されているので、コンテナ番号の訂正に関する Shipper の L/G（保証状）は不要です。

（8）No. of Containers or Packages（コンテナ個数または梱包数）

Q　何を記入する欄ですか。

A　FCL の場合はコンテナの個数とそのあとに括弧書きで梱包（Package）の数も記載します。LCL の場合は梱包（Package）の数を荷主から受け取った Shipping Instruction どおりに記入します。荷送人から受け取った梱包数とこの欄に記載の梱包数が同じかどうかを確認する必要があります。

（9）Total Number of Containers or Other Packages or Units (in words)（コンテナ、その他の梱包または単位）（文字で表記）

Q　上記 No. of Container or Packages とはどう違うのですか。

A　こちらは積載されたコンテナ、梱包、その他の輸送単位の総数を英字で表記します。そのあとに括弧書きでアラビア数字を記入、そのあとに Only と表記します。コン

テナ 2 本 だ と "TWO（2）CONTAINERS ONLY" のように。

（10）Party to Contact for Cargo Release（運送品引取時の連絡先）

Q 連絡先とは具体的には誰になりますか。

A 荷揚げ地で貨物引き渡しのための Delivery Order（D/O、荷渡し指図書）を発行する揚げ地代理店の名称、住所、電話・ファックス番号、e メールアドレスを記入します。

Q この欄にはどんな役割がありますか。

A 貨物の到着案内（Arrival Notice）を送付するための代理店を明確にします。

（11）Prepaid at（前払運賃支払地）

Q ここに記載する項目は都市名ですか。

A そうです。B/L 発行時に運賃を支払った場合、この欄に支払地が記載されます。インコタームズの条件で日本からの輸出契約で利用率が多い CIF（Cost, Insurance and Freight）や CFR（Cost and Freight、旧 C&F）条件では運賃は前払いとなっています。

Q 第三国で運賃を支払い、B/L が発行された場合どうなりますか。

A B/L が発行された場所が発行地となり、運賃がそこで支払われればその場所が支払地となります。"Description of Goods" 欄に "Freight Prepaid" のスタンプが押され

て、この欄には支払地が記載されて発行されます。

（12）Payable at（着払運賃支払地）

Q これは運賃後払いのケースですか。

A そうです。揚げ地での運賃支払地ですが、通常 Payable at Destination あるいは Destination のみを記入します。

Q 支払地が第三国の場合、どのように記載すればよいですか。

A Freight Payable at のあとに第三国の支払地を記入します。

（13）Total Prepaid in Local Currency（現地通貨による前払運賃等総額）

Q ここはブランクでいいでしょうか。

A 一般的には記載されません。

（14）Laden on Board the Vessel（船積み証明追記）

Q ここにはどのような項目を記載しますか。

A この欄が On Board Notation（船積み証明追記）です。本船名、航海番号、船積み港、船積み日を記載して署名します。

Q どうしてこの欄が必要ですか。

A この欄がある B/L は Received B/L（受取船荷証券）ですから、B/L 表面上部の運送人がプリントされているところに細かな

字で "Received in apparent external good condition……"、あるいはこれに類する文章が印刷されていますが、これは「運送人が荷送人から外見上良好な状態で積荷を受け取った……」という受取約款で、このB/Lが受取船荷証券であることを示しています。On Board Notationを付け加えることによって船積み船荷証券となり、信用状（L/C）決済での利用が可能となります。

Q B/L表面には "Place and Date of Issue"（作成地および作成の年月日）という欄がありますがこれとどのように関連していますか。

A B/Lを発行するときは通常船積み日が記入されます。「船積み船荷証券の交付の請求があった場合は、受取船荷証券に船積みのあったことを記載し、署名または記名押印すれば、船積み船荷証券に換えることができる」（商法第758条2項）とあり、船積みをした日を記載しますから、発行日と同じ日付でなければなりません。

Q 銀行との関連はありますか。

A あります。銀行は船積み日を明記したShipped B/L（船積み船荷証券）しか買い取りませんのでこの欄が必要なのです。

☞ **ここがPOINT**

B/Lの表面に法定記載事項がすべて記載されてなくても、またそれ以外の事項が記載されている場合でも、それによってB/Lが無効になることはありません。船荷証券に記載されている運送品名と本船に積載された実物が同じであることを示し、その運送品が特定の日に、特定の地で、特定の運送人によって受け取られ、海上輸送を経て本船が到着した特定の目的地で、当該運送人からB/Lの所持人に引き渡されることが分かるように記載されていればいいということです。

船会社のSea Waybillのサンプル

YANG MING

NON-NEGOTIABLE SEA WAYBILL

Shipper	Booking No.	B/L No.
	Export References	
Consignee	Forwarding agent references	
	Point and Country of origin of goods	
Notify Party	ALSO NOTIFY	

*Precarried by	*Place of Receipt	Onward inland routing
Vessel Voy No.	Port of Loading	
Port of Discharge	*Place of Delivery	Delivery status

PARTICULARS FURNISHED BY MERCHANT

MKS & NOS/CONTAINER NOS	NO OF PKGS	DESCRIPTION OF PACKAGES AND GOODS	Measurement(M) Gross Weight(KGS)
		SAMPLE NON-NEGOTIABLE	

Declared Value $_____ if Merchant enters value of Goods and pays the applicable ad valorem rate,Carrier's Package limitation shall not apply. See Clause 23 (2) & (3) hereof

Place and Date of issue

On Board Date

ITEM NO	CHG	RATED AS	PER	RATE	PREPAID	COLLECT	B/L No
							RECEIVED by the Carrier from the Merchant in apparent external good order and condition (unless otherwise noted herein) the total number of Containers, or if Goods are not shipped in containers,the total number of packages or other shipping units specified in the box marked "No. of PKgs. or Containers" for Carriage subject to all the terms and conditions hereof (including the terms and conditions on the reverse hereof and the terms and conditions of the Carrier's applicable Traiff) from the place of receipt by the Carrier of Goods or the port of loading.whichever is applicable , to the port of discharge or place of delivery, whichever is applicable.

Rate of exchange			
Number of Original Bill(s)	Total		
	Payable at		

Yangming(Japan) Co.Ltd.

By _____
as agent for Yang Ming Marine Transport Corporation, as carrier

* :Applicable only when used for multimodal or through transportation

IV 海上運送状（Sea Waybill）

1．Sea Waybill とは

（1）Sea Waybill の普及

Q Sea Waybill とはどんなものでしょうか。

A 運送人が荷送人から運送品を受け取ったことを示す貨物受取証であり、運送引き受け条件を記載した運送契約として機能する書類です。

Q どうして使われるようになったのですか。

A コンテナ船の高速化で航海時間が短縮され、近海航路では B/L が銀行経由で荷受人に届く前に本船が目的地に到着するケースも発生、一方で貿易取引も EDI 化が進み、運送書類も電子化しやすい形式が求められるようになり、欧米を中心にコンテナ輸送で Sea Waybill が普及してきました。現在では、航路によっては Sea Waybill の発行件数の方が B/L を上回っています。

（2）Sea Waybill の役割

Q Sea Waybill はどのような機能を果たしていますか。

A 主な機能は次の通りです。

1. 運送人（船会社、NVOCC）が運送品を受け取ったことを示す貨物受取証。
2. 荷送人と運送人の間で運送契約書が締結されたことの証拠

となる書類で、契約の内容や運送を引き受ける条件などが記載されている。表面の記載事項欄は船荷証券とほぼ同じ。

（3）Sea Waybill の特徴

Q Sea Waybill の特徴を教えてください。

A 主な特徴は次の通りです。

1. 有価証券ではないので金銭的な価値がない。
2. 流通性がない（裏書譲渡による所有権の移転がない）。

　貨物引換証としての機能はないので、揚げ地での貨物引き渡しの際に差し入れる必要がない（Sea Waybill の所持人が荷受人であること確認できれば運送品は荷受人に引き渡されます。この章の「3 Sea Waybill の実務（3）「運送品の引き渡し」参照）。

3. すべて記名式で荷受人が特定されている。

Q どのような取引が Sea Waybill の利用に適していますか。

大型化・高速化するコンテナ船

A　Sea Waybill では迅速な貨物引き渡しというスピードのメリットはありますが、その発行には代金引き換えが義務付けられていないため（決済前の取引が可能）発行は輸出者とって代金回収リスクがあります。そのため、一般的には本社と海外現地法人・支店、あるいは長年の継続的な取引で十分な信頼関係を築いた会社との取引や、スピードが求められる海外引越貨物、海外展示用出展品などの輸送に利用されています。

（4）Sea Waybill の準拠規則

Q　Sea Waybill はどのような国際規則、あるいは国内法に準拠していますか。

A　国際的には 1990 年に万国海法会（Comite Maritime International: CMI）が「海上運送状に関する CMI 統一規則」（CMI Uniform Rules for Sea Waybill）を採択しました。この CMI 規則は強制力のある条約でも法律でもありません。運送契約にこの規則を取り入れるかどうかは任意です。日本では主要船社や NVOCC は自社の Sea Waybill に CMI 規則を取り入れています。国際フレイトフォワーダーズ協会（JIFFA）が発行している JIFFA Waybill 書式でも同規則を摂取しており、それによって至上約款（第5章2 (2)「至上約款」参照)として効力をもっています。

Q　CMI 統一規則とはどういう内容ですか。

A　主な内容は次の通りです。

適用される運送契約：CMI 規則が採用されている契約で至上約款としての効力をもつ（第1条）。

運送品の記載：Sea Waybill 上の貨物明細は運送品の一応の（prima facie：覆す反証がない限り有利な）証拠となる。運送人と荷受人の間では荷受人が善意（acted in good faith）である限り、記載された運送品を運送人が受け取ったとの確定的な証拠となる（第5条）。

運送品処分権：荷送人（Shipper）が運送人に指図できる唯一の当事者で、荷揚地で運送品が本船から荷揚げされるまでは荷送人が荷揚地、荷受人などの変更を指示することができる。また、一定の条件のもとで、荷受人に運送品処分権を移転する選択も可能（第6条）。

引き渡し：荷受人が適切な本人証明を提示していれば、仮に貨物の引き渡しが間違っていても運送人は免責となる（第7条）。

Q　Sea Waybill が規定されている日本の国内法はなんですか。

A　2018 年の商法改正でその第 770 条に初めて Sea Waybill の規定が加えられました。具体的な内容は次の通りです。

1. 運送人は荷送人の請求で運送品の船積み後、船積みがあったことを記載した Sea Waybill を交付、船積み前でも運送品受け取り後、受けとったことを記載した Sea Waybill を交付する。

2. Sea Waybill への記載事項は B/L と同じ（「第 2 章船荷証券が準拠する条約や法律」の「2 商法・国際海上物品運送法」を参照）。船積み前の Sea Waybill の場合は同項 7 の「船舶の名称」と 8 の「船積み港および船積みの年月日」の項目を除く（つまり、Received B/L：受取船荷証券の場合と同じということです）。

3. 運送人は荷送人の同意があれば電磁的方法による発行を認める（具体的な手段は示されていませんが e メールで十分だと思われます）。

4. 前記 1-3 項の規定は B/L が交付されているときは適用しない（B/L と Sea Waybill を二重に発行することはできませんから要注意です。B/L 発行後に Sea Waybill を求められたら B/L はすべて回収してからにしなければなりません）。

Q 信用状統一規則（UCP）に Sea Waybill の記載はありますか。

A あります。UCP600(2007 年版) 第 21 条に "Non-Negotiable Sea Waybill"（流通性のない海上運送状）として規定されおり、船荷証券や航空運送状とともに国際的に広く利用されている運送書類です。

有価証券ではないので売買されることがなく、譲渡もできないので流通していきませんし、B/L のようにそれを船会社（またはその代理人）に差し入れて貨物を引き取る必要もありません。しかし、記載事項や契約条項など

その他の項目については B/L と基本的に同じ内容が UCP でも規定されています。

Q Sea Waybill は信用状（L/C）取引で利用できますか。

A UCP600 では信用状が Sea Waybill を要求する場合、銀行がこれを受け入れる要件として一定の条件を規定していますが、有価証券ではない Sea Waybill は担保価値がないので信用状取引で利用されることはほとんどありません。

2．Sea Waybill の長所と短所
（1）Sea Waybill の長所

Q 荷送人にとって Sea Waybill の利用にはどのようなメリットがありますか。

A 運送品の引き取りに必要な書類ではないので、荷送人は荷受人に送る必要がありません。Sea Waybill の発行を待たずにインボイスや保険証券などの書類を荷受人に送ることができるので揚げ地での通関、貨物引き取りがその分早まることが期待できます。

紛失した場合も B/L のような除権手続きや再発行、保証渡しといった煩雑な手続きは不要で、仮に第三者が取得しても荷受人にリスクはありません。

Q 荷受人にとって長所は何でしょうか。

A 揚げ地での引き取りに際して Sea Waybill の差し入れが求められないので、運送品が到着次第引き取れます。B/L では近海航路で貨物の方が先に届くと B/L の遅延で

引き渡しが遅れたり、保証渡し（銀行保証状による貨物引き取り）を利用するといった問題が発生しますが、Waybill ではこのようなことが起こりません。このため、余分な保険料、倉庫保管料、保証料金利などが節減できます。

（2）Sea Waybill の短所

Q Sea Waybill のデメリットは何でしょうか。

A 有価証券ではないので担保力がありません。だから信用状（L/C）取引で使用されることはほとんどありません。航海中に所有権を移転することによって物品を転売することもできません。転売しない貨物ではこの短所は関係ありません。

Q 荷受人にとって注意すべきことはありますか。

A 前記の CMI 統一規則にあるように、荷送人は運送品処分権を有するので、貨物が

B/L と Sea Waybill の比較

	船荷証券	海上運送状
性質	・有価証券、権利証券、運送契約書、貨物受取書であり、かつ有価証券で L/C 取引で担保価値を持つ。	・運送契約書、貨物受取書だが有価証券ではなく、担保とならない。揚げ地では Sea Waybill の所持人が荷受人であることの適切な同一性の提示（通常 Arrival Notice の提示）により運送品を荷受人に引き渡す。ただし、引き渡しを請求できる権利証券ではない。
発行通数	・通常 3 通。	・通常 1 通。
形式	・荷受人を指定しない Order B/L（指図式）が多い。記名式もある。	・荷受人はすべて記名式。
発行時期	・本船に貨物が積み込まれたとき、またはコンテナの CY 搬入時。	・運送人が貨物を受け取ったとき。
流通性	・裏書で流通（裏書で転売可能）。	・流通性なし。
貨物の引き取り	・オリジナルと引き換えが基本。	・提示不要。荷受人の確認ができれば引き取り可。
印紙税	・1 件あたり 200 円。3 通発行の場合は 1 通だけに貼付。	・1 件あたり 200 円。複数発行だとすべてに貼付。運賃欄に金額を記入するとそれに応じた税額となる。
紛失	・除権や再発行の手続きが煩雑でコストもかかる。	・リスクがない。

目的地に着いて荷受人から運送品の引き渡し請求があるまでは、運送人へ通知することで荷受人を簡単に変更できるということに注意しておく必要があります。

Q そのほかにもありますか。

A 運賃前払いで船積み後の支払いが遅れた場合、近海航路では運賃支払いの前に運送品が揚げ地に到着して速やかな引き取りができず、Sea Waybill の長所が失われることになります。

Q Sea Waybill が通関で認められない国があると聞きましたが。

A あります。中南米やアフリカに多いようです。その国のシステムでB/L原本を要求している国がありますので、事前にチェックしておいた方が良いでしょう。

3．Sea Waybill の実務
(1) 作成・発行

Q Sea Waybill の作成からの流れを教えてください。

A Sea Waybill もB/Lも記載事項はほとんど同じですから、表面の記載欄で記入が求められている事項を埋めていきます。

Q Sea Waybillはどのような形式ですか。

A すべて記名式です。揚げ地で荷受人と貨物引取人の同一性が確認されればそれだけで引き渡されますから必ず荷受人はSea Waybill で指定されています。

Q Consignee 欄を "To Order" で発行し

たいのですが可能ですか。

A できません。理由は前項のとおりです。

Q Sea Waybill と B/L の両方を発行できますか。

A できません。B/L の代わりに発行するものですから、重複発行がないように注意します。

Q B/L Date（発行日）の取り方をCombined Transport B/L との比較で教えてください。

A B/L も Sea Waybill 発行日の取り方は同じです。B/L は船積式（Shipped）であれば入港日から出港日までの間で取れますが、一般的には船積み日、すなわち、表面の下の方にある "Laden on Board the Vessel" 欄（On Board Notation：船積み証明追記）に記載されている日付です。受取式（Received）であれば運送人（船会社、NVOCC）に引き渡された日です。Sea Waybill の書式も表面に「運送人が荷送人から外観上良好な状態で運送品を受け取った（Received by the Carrier from the Shipper in apparent external good conditions unless otherwise indicated ……）」、あるいは船積みした旨の文言が印刷されているフォームがありますが、これは「受取 Waybill」を意味しており、運送人に引き渡された日を発行日とすることが一般的です。"Laden on Board the Vessel" 欄に船名、船積港、船積日を記載して運送人が署名すると「船積 Waybill」となり、通常はこの船積

み日を発行日としています。

Q Back Date B/L は可能ですか。

A Back Date B/L とは、B/L Date を本船の入港前の日付にすることです。「第3章 船荷証券の記載項目」でも触れましたが、この行為は B/L 発行者にとって「文書偽造の虚偽行為」であり違法行為だということを認識しておきましょう。

Q Sea Waybill の発行枚数に決まりはありますか。

A 通常1枚です。コピーを必要部数だけ取っておきます。荷送人の要望で複数発行した場合はその通数を記載します。

Q Sea Waybill にも収入印紙を貼る必要はありますか。

A 規定はありませんが一般的には「運送に関する契約書」相当という解釈で1通あたり200円の印紙税がかかります。荷送人に原本を渡す場合にのみ発生し、コピーには不要です。複数発行する場合は発行枚数 x 200円です（参考までに B/L は1件200円で3通発行しても1通分だけです）。これは運賃の記載がない場合（"As Arranged" と記載されている場合）のことで、運賃額を記入するとその額に相当する印紙税がかかります。ですから、"Freight and Charges" の欄には一般的に金額は記載されず、As Arranged（手配どおり）と記入されています。

Q 本船出港後、荷送人は Sea Waybill 原本を荷受人に送る必要がありますか。

A ありません。ファックスまたは e メールでコピーを送ればそれで十分です。B/L のようにオリジナルを送る必要がなく、また B/L が届く前に本船が揚げ地に到着するということもなく、スピーディな貨物引き取りができるということが Sea Waybill が普及してきた大きな要因の一つです。

（2）変更・訂正

Q Sea Waybill を B/L に変更することはできますか。その逆も可能ですか。

A 出港前であれば原則として可能ですが、複数が発行されていれば全通回収されます。

Q Sea Waybill を Multiple B/L にすることができますか。

A できません。Sea Waybill は荷受人が提示する必要がなく、運送人も揚げ地で回収する必要がないからです。

Q Sea Waybill 発行後に訂正依頼があった場合はどのようにしたらいいですか。

A B/L を訂正する場合の手順・方法と同じです（第5章2「船荷証券発行後の訂正」の項参照）。B/L は全通回収して訂正しますが、Sea Waybill の場合は一般的に揚げ地代理店に訂正案内（Correction Advice）を送付（あるいは送信）し、現地で修正してもらいます。

Q Consignee 欄の変更にはどのように対応したらいいですか。

B/L の流れ	Sea Waybill の流れ
運送人が荷送人に B/L を通常 3 通発行。	運送人が荷送人に Sea Waybill を 1 通発行。
⇩	⇩
運送人が荷受人に B/L オリジナルを送付。	運送人が荷受人に e メールまたはファックスで Sea Waybill を送付、あるいはコピーを郵送。
⇩	⇩
荷受人が B/L オリジナルを受け取る。	荷受人に届く。
⇩	⇩
輸入者が B/L に裏書きする。	運送人（またはその代理店）から荷受人に Arrival Notice が届く。荷受人がそれに署名。
⇩	⇩
運送人に B/L を提出、D/O を受け取って貨物を引き取る。	運送人に署名入りの Arrival Notice を提示して荷受人であることを確認。D/O を受け取って貨物を引き取る。

A まず現地代理店にその旨を知らせ、貨物の状況確認をしてリリースを一時ストップします。

揚げ地で Sea Waybill の荷受人であることが確認され、すでに Delivery Order（D/O、荷渡指図書）が発行されていれば、荷主に十分説明したうえで訂正依頼を断ります。

D/O がまだ発行されていなければ、荷送人から Consignee の訂正のための保証状（Letter of Guarantee: L/G）を取り付けた上で再発行します。ただし運送品が到着後の場合はデマレージ（Demurrage、貨物延滞料）などの費用を確認して運賃に加算し、荷送人に伝えてから再発行します。

そして現地代理店に貨物のリリースストップの解除を指示します。

（3）運送品の引き渡し

Q Sea Waybill の場合の貨物引き渡しはどのような手順になりますか。

A 船荷証券（B/L）の場合、貨物の引き

コンテナを引き取ってターミナルゲートに向かうトレーラー

取りはオリジナル（原本）との引き換えですが、Sea Waybill ではその提示は不要です。その代わり Consignee 欄に記載されている荷受人であることの確認が必要となります。

Q どのような方法で確認しますか。

A 本船が入港する前に Sea Waybill の Notify Party（通知先）欄に記載の着荷通知先に Arrival Notice（到着案内）が届きます。それに荷受人が署名すると、それによって荷受人の同一性を確認したこととなり、その署名入り Arrival Notice が貨物引換証となります。これを運送人（またはその揚げ地代理店）に提示すると Delivery Order（D/O）が交付されます。荷受人の代理（海貨業者、陸送業者など）が引き取る場合はその名前も記入するか、必要によっては荷受人の委任状も用意します。

☞ここが POINT

Sea Waybill では貨物引き取りの際に荷

受人はそれを運送人に差し入れる必要がなく、運送人の立場ではそれを回収する必要がないということが利便性の一つになっています。CMI 規則では正当な本人証明ができていれば、仮に間違った人に貨物を引き渡しても責任を負う必要はないとしていますから、このようなトラブルが発生しないよう、荷受人は正確な本人証明を、運送人は荷受人と確認したことが立証できる証拠を確保することが求められます。

迅速な引き渡しが可能ということでは後述するサレンダー B/L も使われていますが、Sea Waybill は CMI 統一規則という世界的な基盤があり、貿易相手国間で標準的な運用が確保できるということで国連が推奨し、日本貿易関係手続簡易化協会（JASTPRO）も有価証券ではないので取り扱いが簡単で、電子化へ移行しやすいとして推奨しています。

V 船荷証券のおもな約款

1．運送約款とは

Q 約款とは何ですか。

A 国際輸送事業者に限らず、保険や旅行、通販などの事業者は、不特定多数の利用者や購買者との取引では個々に契約条件をまとめることは事実上不可能なので、あらかじめ細かく、一律に定めた同じ内容の契約条項を用意しています。これが約款と呼ばれています。

Q どのような特徴をもっていますか。

A 次のような特徴があるといえるでしょう。

1. 特定の商品やサービスの売り手と不特定多数の買い手との間の取引に利用される。
2. 定型化された内容で誰にでも同じ条件が適用される。
3. 細かな文字がびっしり詰め込まれて利用者・購入者はほとんど読まない。

Q B/L の約款はどこに記載されていますか。

A 運送人と荷送人の間の運送契約の内容は、第3章で述べた B/L の記載事項がすべてではありません。約款は表面にも記載されていますがその大部分は裏面に細かな字で印刷されています。

Q 表面にはどのような約款が記載されていますか。

A 運送人（船会社や NVOCC）それぞれの B/L 書式にもよりますが、表面には第3章で述べた記載事項に加え、運送品が外観上良好な状態で運送人に受ら取られ、船積みされたこと（受取確認約款）、および B/L が複通数発行された場合は、その1通が回収されると残りのすべては無効となる（引換約款）という意味の前書きのほか、受諾・優先約款といわれる約款が規定されています。表面に記載されている約款を表面約款といいます。

Q 裏面にはどのような約款が記載されていますか。

A 表面には記載しきれなかった、荷送人と運送人との間で締結された運送契約の重要な条件が規定されています。裏面に規定されているものは裏面約款とよばれています。

ヘーグ・ルールやヘーグ・ヴィスビー・ルールなどの国際条約は、これらの条約に規定される運送人の義務を軽減する特約を禁止していますが、運送人としては、この禁止に抵触しない範囲内で、できるだけ自分たちに有利となるさまざまな約款を設けています。

ここでは、多くの約款の中からとくに重要な約款を以下説明していきます。

2．主要な約款
（1）受諾・優先約款

B/L 発行までに、荷送人と運送人の間では、運送品の受け取り・船積みをめぐって多くの連絡が交わされます。しかし、いったん B/L が発行され、それを受け取ると、その記載および約款に荷送人またはその他の B/L 所持

人は拘束され、発行までのいろいろな運送人と荷送人との間のやりとりは、B/L の記載・約款に抵触するか否かにかかわらず、廃棄されるとしています。

「受諾」とは、荷送人またはその他の B/L 所持人が、当該 B/L の記載および約款に拘束されることへの同意を意味し、「優先」とは、B/L 発行前のいかなる合意、取り決めも当該 B/L の発行をもって、廃棄されることへの同意とみなされます。運送人の署名だけの B/L 約款、それも運送人の方から与えられたままの付合約款（契約当事者の一方によって定められ、相手方はそれ以外に選択する自由がない約款）の有効性を、荷送人あるいはその他の B/L 所持人に対して認めるかどうかは国によって違いがあります。

（2）至上約款
(Paramount Clause)

この「至上」ということばのとおり、B/L が準拠している条約や法規を示し、それらの条約や法規に従ってこの B/L が有効であることを規定しており、約款中、もっとも重要なものの一つです。

現在、欧米諸国で発行される B/L の多くは、ヘーグ・ルールもしくはヘーグ・ヴィスビー・ルールまたはこれらを批准した国内法を至上約款として取り入れています。このため欧米諸国や日本の国内法はその趣旨を共通にしており、仮にこれらの国の間で B/L を

めぐる訴訟が起こされても、それぞれの国の国内法が同一のルールを批准して成立したものであれば、いずれの国内法に基づいて裁判が行われても結果に大差はないことになります。従って、至上約款は B/L をめぐる訴訟が国際海上物品運送にかかわる強行法規（当事者間の合意に関係なく適用される規程）を持たない国で提起された場合に効果を発揮します。

近年、コンテナ輸送の発達により Combined Transport B/L の利用が一般的となっていますが、これらの複合運送証券には、至上約款を取り入れていないものが見られます。これは、複合運送が海上運送区間にとどまらず、陸上運送区間にも及んでいるため、両運送区間をカバーする条約または法規が存在せず、そのような条約または法規を根拠とする至上約款も存在しないということによるものです。

（3）共同海損約款
(General Average Clause)

運送品を運送中の船舶が、火災、衝突、座礁などの海難に遭遇し、本船と運送品がともに危険となった場合、共通の危険から本船および運送品を回避させるために取られた処置は、共同海損*行為と見なされ、その行為にかかわる費用および本船または運送品への損害については、前者は共同海損費用（救助費や消火作業などの費用）として、また、後者

は共同海損犠牲（投げ荷や消火の際の貨物の水損害など）として、それぞれ、共同海損行為により危険をまぬがれた船体・積み荷・運賃などの価額に応じて公平に分担することが、海上輸送独特の古くからの慣行となっています。

国によっては、法令で共同海損にかかわる規定を整えていたり、あるいは慣行として認められているところもありますが、そのような規定も慣行もない国もあります。

共同海損約款は、単に、上述の慣行の確認にとどまらず、仮に、本船の船主や運送品の利害関係者間に複雑な紛議が発生した場合にも十分対応できるよう、共同海損にかかわる詳細な解釈規定と計算規定をまとめたヨーク・アントワープ・ルール（York-Antwerp Rules）という国際的な取り決めを取り込んで明文化しています。

　＊共同海損：航海中に生じた損害あるいは費用をその海上輸送にかかわっている船会社や荷主などの関係者で分担しあう制度。

（4）ニュージェイソン約款
(New Jason Clause)

共同海損事故に関して、米国で1893年ハーター法に基づき、航海過失により生じた場合、船主は荷主に対して共同海損の分担を請求することができないとの判例が出されたため、これに対抗するために「（航海過失による場合にも）分担請求できる」という船会社側の免責条項を挿入したのがこの約款で

す。1912年のJason Caseで認められたため、この判例の名が付けられました。米国で訴訟となる可能性のある運送契約には、本約款は不可欠です。

（5）双方過失衝突約款
(Both to Blame Collision Clause)

運送品を積載した船舶同士が衝突した場合、当該2船は、自船積みの運送品の損傷に対しては、ヘーグ・ルールの「航海過失免責」により責任は負わないものの、相手船積みの運送品の損傷に対しては、衝突の際の両船の責任割合に応じて分担しなければなりません。しかし、この分担は両船間の問題に過ぎず、本船積み運送品の利害関係人が直接相手船に対し共同不法行為（衝突）責任を理由として損害賠償請求をしてきた場合、相手船は当該本船積み運送品の利害関係人に対し、まず、その請求額全額を支払い、後に本船に対しその責任割合に応じた分担分を求償することになります。これではせっかく本船積み運送品の損傷に対しては、本船は責任を負わなくていいのに、実質的には相手船を通じてその責任を負わされます。この矛盾を解消するのがこの双方過失衝突約款です。

この約款では、衝突による本船積み運送品の損傷については、上述のように、相手船を通じて結果的に本船が分担することになる場合は、当該本船積み運送品の利害関係人は、本船の分担額を補償するというものです。

もっとも、日本などが批准する 1910 年船舶衝突条約では、「双方過失により衝突した両船は、第三者の損害に対し、それぞれ自己の過失割合に応じて損害を支払えば足りる」と規定しているため、この条約を批准する国では、B/L にこの約款がなくても上述の矛盾が生じることはありませんが、米国のように批准していない国では本約款が意味をもちます。その意味で、この約款も米国での訴訟を前提にしたものと言えるでしょう。

(6)　準拠法・管轄地
(Governing Law/Jurisdiction Clause)

国際間にまたがる当事者間の契約では、その契約がどの国の法に従って解釈されるべきか、また、万一、その解釈をめぐってトラブルが生じた場合、そのトラブルをどの国の裁判所も持ち込むべきかを事前に合意しておくことが一般的です。

通常、B/L には運送人が付合約款として準拠法・管轄地を裏面にプリントしています。このような付合約款は有効ではないとして、これまでも多くの国で多くの訴訟が提起されてきました。とくに米国では、これまで付合約款としての準拠法・管轄地に否定的だったものが、最近ではこれを有効とする判決が出ていることが目を引きます（1995 年 6 月、米国最高裁で出された「Sky Reefer 号事件」判決では、B/L に規定された日本法に準拠し、日本海運集会所の海事仲裁委員会による仲

046

裁が有効とされました）。

(7)　アバンダン（契約航海の打ち切り）約款
(Abandon Clause = Liberty Clause)

契約は、いったん締結されるとその当事者はそれを履行する義務を負います。しかし、契約締結後、どんな事態が発生してもそれを履行しなければならないとすると、かえって当事者にとって不合理となる場合があります。このため、例えば、当事者には制御できない天変地異や戦争などが発生した場合に限って、当事者の履行義務を免除するというのがアバンダン（契約航海の打ち切り）約款です。ただし、契約を締結する際すでにそれが発生していたことを知っていた、もしくは知らなかったことに過失がある場合、あるいはその発生の可能性が高いと予見できた場合、アバンダンはできません。

ですから通常、運送人はその B/L の裏面に不可抗力となる事由を列挙し、そのような事由発生の場合は、運送契約の履行から免除されることを明記しています。そして、すでに B/L 裏面に記載済みであるにもかかわらず、運送人は B/L 発行時にその表面に改めて「当該不可抗力の発生に鑑み、運送人の裁量にてアバンダンすることがある」との Stamp Clause を挿入し、不可抗力事由発生後に引き受けた運送契約さえもアバンダンする権利があることを留保しています。

（8）ヒマラヤ約款
(Himalaya Clause)

　この約款の名称の由来は、英国のヒマラヤ号事件（1954年）にあります。客船の舷側に取り付けられた乗降用のはしごが突然傾斜し、通行中だった旅客が埠頭に転落しました。その船客が本船の船長と甲板長を提訴した事件で、運送人自身は旅客運送約款上、旅客の負傷については免責となっていましたが、船長と甲板長は運送契約では免責とはなっていなかったため、有責となり、結果的に運送人が（雇用契約に基づき）船長と甲板長が船客に支払った金額を補償することとなりまた。これではせっかく運送契約上免責となっていても、船長やその他の使用人も免責となっていなければ、運送人は有責となります。この事態を避けるために考え出されたのがヒマラヤ約款です。

　ヒマラヤ約款では、「運送人のみならず、運送人の使用する一切の被用者、代理店あるいは独立企業者（independent contractor）としてのステベ（港湾荷役業者）などに対して直接クレームが提起された場合、当該被用者、代理店あるいは独立企業者にもB/L約款上の免責・責任制限の利益を受けるものとする」と明記しています。

　しかし、この約款の有効性については論議があり、運送人の使用人または代理人については、問題なく運送人が援用できる権利がありますが、ステベ（港湾荷役業者）については、運送人とステベとの間に指揮監督関係が認められるかどうかといった個別的な調査をしなければならず、指揮監督関係が薄い場合は、約款があっても独立企業者としてB/L上の運送人の免責・責任制限は難しくなります。

（9）錆（さび）約款
(Retla Clause)

　受け取られた、または船積みされた貨物にわずかな不具合があり、それをB/L面に摘要（Remarks）として付記する場合について、荷送人から提出された補償状（L/I）と引き換えにClean B/L（無故障B/L）を発行する場合がありますが、B/Lの裏面に最初から約款を印刷しておくことで、わざわざ、荷送人から補償状を取り付けることなく、Clean B/Lを発行している場合があります。

　この約款は、「『外観上良好な状態』という文言が、鉄、鋼または金属製品に関してB/Lで使用されている場合、運送品の受け取りの際、それが外観上錆もしくは湿りが目視できなかったということを意味しない」との内容から錆約款（Retla Clause）と呼ばれ、その名称は米国の判例（Tokio Marine & Fire Ins. Co. v. Retla SS. Co.〔1968〕A.M.C. 1742）に由来しています。米国では、錆もしくは湿りについては、適切にRemarks（摘要）を付された証拠の提示があれば本約款は有効とされています。

船会社のB/Lの裏面約款の例

1. DEFINITIONS
2. DEMISE CLAUSE
3. APPLICABLE TARIFF
4. LIMITATION STATUTES
5. SUB-CONTRACTING AND INDEMNITY
6. CARRIER'S RESPONSIBILITY
7. DELIVERY
8. AGENCY
9. MERCHANT-PACKED CONTAINERS
10. INSPECTION OF GOODS
11. DESCRIPTION OF GOODS
12. MERCHANT'S RESPONSIBILITY
13. FREIGHT
14. LIEN
15. STOWAGE AND DECK CARGO
16. VALUABLE GOODS
17. HEAVY LIFT
18. LIVE ANIMALS
19. IRON AND STEEL
20. METHODS AND ROUTES OF CARRIAGE
21. CARRIAGE AFFECTED BY CONDITION OF GOODS
22. MATTERS AFFECTING GOODS
23. DANGEROUS GOODS
24. MARKING
25. NOTIFICATION
26. AMENDED JASON CLAUSE AND BOTH-TO-BLAME COLLISION
27. GENERAL AVERAGE & SALVAGE
28. LAW AND JURISDICTION
29. VARIATION OF THE CONTRACT
30. VALIDITY
31. WAIVER
32. US CLAUSE PARAMOUNT

VI 船荷証券をめぐる実務上の問題

1．サレンダー B/L

（1）サレンダー B/L とは

Q サレンダー B/L とはどのようなものですか

A "Surrender B/L" という B/L フォームがあるわけではありません。これは元地回収と言われ、運送品が荷揚げ港に到着しているのに B/L がまだ届いてないので荷受人が貨物を引き取れないという事態を回避し、荷受人が迅速に貨物を引き取れるようにするための手段の１つで、いわば積み地で、本来荷揚げ港で行う貨物引き取りの手続きをするための B/L に付けられた呼び名です。

Q サレンダーとはどういう意味ですか。

A surrender の語源は「sur=over（向こう側に）、render=deliver, hand over（引き渡す）」で、相手に何かを引き渡すという意味です。サレンダー B/L では、運送人から交付されたオリジナル B/L を荷送人が運送人に再度引き渡すからです。英語の文法では Surrendered B/L と呼ぶべきでしょうが、通称としてサレンダー B/L と呼ばれています。

（2）サレンダー B/L の発行と運送品の引き渡し

Q 具体的な発行の仕方はどのような手順になりますか。

A 船積み港で輸出者が本船に貨物を積み込むと、船社からオリジナル B/L が荷送人に発行されます。荷送人はその全通（通常３通）の裏面に署名（裏書）し、運送人に返却します。これは本来揚げ地で荷受人が行う行為です。それを荷送人が荷受人の代わりに（for the Consignee）署名していることになります。運送人に返却するのは、揚げ地で荷受人が貨物引き取りのためにオリジナル B/L を運送人に差し入れる（返却する）行為です。

運送人は返却された B/L すべてに "Surrendered"（回収済み）あるいは "Accomplished"（完了）のスタンプを返却した日付で押し、そのうちの第一原本（First Original）のコピーだけを荷送人に証拠として渡します。そして、荷揚げ港の代理店にオリジナル B/L がすべて回収済み（surrendered）であることを通知します。

船積み港の荷送人は運送人から受け取った第一原本のコピーをファクス、あるいは PDF 添付で e メールを荷受人に送信します。オリジナル B/L がすでに回収されているので、荷揚げ港で荷受人は貨物引き取りに際してとくに提出する書類はなく、Surrendered のスタンプが押された B/L のコピーなどでの本人確認で運送品を引き取ることができます。

なお一部の例外を除き、サレンダー B/L の場合、運賃は Freight Prepaid が原則ですので、運賃受領前にサレンダーの手続きを行わないよう注意する必要があります。B/L の回収＝ Freight 収受ということです。本来は

揚げ地で行う行為を積み地で代わりに行うだけと考えてください。

Q　B/L 発行前に荷主からサレンダーにしてくれと言われました。その場合、No. of Original Bs/L 欄にはどのように記入しますか。

A　オリジナル B/L 発行前にサレンダー B/L とすることが分かっている場合は、荷送人の承諾が得られれば No. of Original 欄には 1 と記入にした方がよいでしょう。サレンダーの場合、原本の First Original（第一原本）に荷送人の裏書（署名）が必要で "Surrendered"（回収済み）あるいは "Accomplished"（完了）のスタンプを返却した日付で押し、そのうちの第一原本のコピーだけしか荷送人には渡さないので、最初から他の2通は必要ありません。

Q　荷主から "To Order" の B/L（指図式船荷証券）をサレンダーにして欲しいと言われたらどのように対応すればよいでしょうか。

A　荷受人が指定されていませんから事実上不可能です。記名式（Straight B/L にするか、記名式裏書（Full Endorsement）にして下さい。荷送人に全通裏書してもらい回収することで有価証券としての効力は消滅します。ただし、運送契約と貨物の引き渡しは存続します。

Q　フルセットの House B/L にそれぞれ "As per attached sheet" が付けられています。Attached sheet 作成後、B/L 発行前にサレンダーに変更となりました。そのため First Original のみにサレンダーのスタンプ印を押して Attached sheet を付けないでそのコピーを顧客に渡しました。この手続きは正解でしょうか。

A　間違いです。通常どおり荷送人に全通裏書してもらい、回収して First Original を Attached sheet 付き（割印）でコピーし、それを荷主に渡します。

Q　サレンダー B/L とした後に B/L の訂正を求められたらどう対処すればよいですか。

A　基本的には運送人の積み地代理店がすでに B/L 全通を回収済みのはずですから、積み地代理店で訂正します。急ぎの場合は荷送人に Letter of Guarantee（L/G、保証状）を差し入れてもらって、サレンダー B/L のコピーを訂正します。

（3）サレンダー B/L の性質

Q　サレンダー B/L の利便性はなんですか。

A　運送品が荷揚げ港に到着して貨物を引き取る際、B/L を差し入れる（提示する）必要がなく、迅速な引き取りが可能だということです。

Q　サレンダー B/L は有価証券としての機能は維持されるのでしょうか。

A　船積み港（元地）で回収（Surrendered

のスタンプを押されて運送人に返却された時点で有価証券としての機能は消滅しています。ですから譲渡できません。貨物の引き取りの際に提示が不要ということと流通性がない（譲渡できない）という点は Sea Waybill と共通しています。

Q　Sea Waybill にサレンダーはありますか。

A　有価証券ではないので Sea Waybill にはサレンダーはありません。

Q　利用するメリットはなんでしょうか。

A　オリジナル B/L を作成、発行すれば引き換えに前払い運賃、料金が確実に回収できます。B/L オリジナルの送付が不要となり、荷受人はオリジナルなしで運送品が引き取れ

ます。また、すぐに荷送人に署名（裏書）してもらい、回収すれば、運送人の責任は Sea Waybill 並みに軽くなります。

Q　デメリットはなんでしょうか。

A　サレンダー B/L には国際的な取り決めや国内法の規定といった法的な裏付けがないことです。日本や中国、韓国などの一部地域で運送品の迅速な引き取りのために便宜的に利用されている荷渡し方法で、名称も国際的なものではなく、通じない国もあります。トラブルが発生した場合には準拠すべきルールがなく、国によって解釈がずれるという可能性があり、法的には不安定な手段だということをあらかじめ認識しておく必要があります。

051

B/L、Sea Waybill、サレンダー B/L の比較

	オリジナル B/L	Sea Waybill	サレンダー B/L
書　式	記名式／指図式	記名式	記名式
発行のタイミング	運賃支払いと引き換えに発行	運送人により異なる	運賃支払いと引き換えに発行
担保価値（有価証券性）	ある	なし	なし
国際規則や国内法の裏付け	ある	ある	なし
L/C 取引での取り扱い	L/C 決済に必要	銀行による	銀行による
利用されている航路	世界共通	中南米・アフリカなど除きほぼ全域	一部アジア地域
運送人の発行状況	船社・NVOCC すべて	運送人によって異なる	運送人によって異なる
担保機能	ある	ない	ない
荷渡し	オリジナルと引き換え	オリジナル不要。荷受人の本人確認	オリジナル不要。荷受人の本人確認

☞ここが POINT

　法的には不安定だということが分かっていてもサレンダー B/L が利用され続けているということは、輸出入業者にとって利便性が評価されているということです。しかし、いったんトラブルが発生した場合、当事者の主張の是非を判断する基準がないということは双方にとって大きなリスクとなります。

　日本の裁判所ではサレンダー B/L は運送人から荷送人への交付も荷受人からの運送人への差し入れもないので B/L ではないという判断が示されているということも念頭におき、リスク評価をする必要があります。

2　船荷証券発行後の訂正
（1）訂正の手順

🅀 B/L を発行した後に運送人から記載内容の変更を求められた場合はどのように対応すればよいでしょうか。

🅰 一般的に以下のような手順で作業が進められます。

1. 本船がまだ荷揚げ港に到着していないことを確認します。
2. 荷送人から B/L を全通回収する。NVOCC の場合、Master B/L との関連を確認し、実運送人（船会社）への変更依頼が必要な場合は当該実運送に変更が可能

かどうかを問い合わせます。可能であれば追加費用も確かめておき、荷送人から House B/L を全通回収します。
3. 荷送人から「変更によって生じる一切の運送人の損害を補償する」という趣旨を記載した保証状（Letter of Guarantee：L/G）あるいは補償状（Letter of Indemnity：L/I）を差し入れてもらい、必要な箇所を修正します。
4. 本船がすでに出港し、船積み書類が揚げ地に発送されてしまっている場合は、揚げ地の支店あるいは代理店に B/L の署名権者が署名した所定書式の訂正通知（Correction Advice）を送付、あるいは PDF 添付で e メールを送信して現地での訂正を依頼します。

　その際、「通知した」「もらっていない」といったトラブルの発生を回避するため、現地担当者から必ず Correction Advice を受け取ったことを確認する返信をもらいます。

（2）B/L の訂正

🅀 オリジナル B/L 訂正の流れはどうなりますか。

🅰 全通を回収して全通を訂正します。訂正箇所には訂正印を押して署名権者のイニシャルサインをもらいます。訂正箇所が多い場合は所定の手続きで全通を廃棄して再発行した方が良いでしょう。

Q どうして全通を回収する必要があるのでしょうか。

A 例えば、オリジナルB/Lが3通発行された後に、荷送人がその手元にある1部通数のB/Lを提示して荷揚港の欄の記載をA港からB港へ変更して欲しいと運送人に依頼し、運送人がこれに応じてB港に変更した場合、揚げ地のB港で運送人が変更された1部通数のB/Lと引き換えに運送品を引き渡したとします。

しかし、変更されないでA港が荷揚げ港のままとなっているB/Lの所持人がまだいるわけですから、このB/Lが変更されたことを知らない善意の所持人が、運送人にA港での運送品引き渡しを求めてきた場合、運送人はこのB/L所持人に対して、「B港で（変更された）一部通数のB/Lと引き換えに運送品は引き渡し済みであり、運送人としての義務履行は終了した」として対抗することはできません。

ですから、変更は発行された全通数の提示がなければしてはなりませんし、訂正の際には「当該変更により生じ得る一切の運送人の損害を保証（補償）する」旨の保証状（Letter of Guarantee：L/G）あるいは補償状（Letter of Indemnity：L/I）を取り付けた上で全通の訂正に応じることとします。

Q サレンダーB/Lの扱いはどのようになりますか。

A 基本的には積み地の代理店がB/Lを回収していますのでその代理店が訂正しますが、急ぎの場合はCorrection Adviceを発行してもらい、それにしたがってオリジナルサレンダーB/Lのコピーを訂正します。その際、訂正印を押印し、必ず署名権者のイニシャルサインをもらってください。

Q B/L発行後に荷送人の船積みがキャンセルされた場合のB/Lの取り扱いはどのようにしたらいいでしょうか。

A 全通を回収し、取り消しの理由を添えて"CANCELED"のスタンプを押し、保管します。

Q Sea Waybillの訂正はどのような流れになりますか。

A オリジナルB/Lとほぼ同じ手続きです。Sea Waybillの差し替えが可能であれば訂正して差し替えます。差し替えが困難であれば訂正依頼（Correction Advice）を現地代理店へ送付（送信）します。

☞ここがPOINT

運送人は荷送人あるいはそれ以外のB/L所持人から訂正の依頼を受けた場合、当該B/L全通の提示に加え保証状（L/G）あるいは補償状（L/I）の提出を求めるようにします。

そのようにしておけば、訂正したことによって仮に問題が発生しても、荷送人の依頼であり、荷送人が全責任を負うと約束していることを主張できます。

053

3. 運送品の引き渡しと保証渡し

（1）Arrival Notice の作成

Q 荷揚げ港では運送品の引き渡しに備えてどのような準備をしますか。

A 本船の入港が近づくと揚げ地では運送人（船会社）あるいはその代理店は Arrival Notice（到着案内）を B/L に記載された Notify Party（通知先）に電信あるいはファックスで送ります。Notify Party は荷受人と同一のことが多く、また荷受人の輸入手続きを代行する通関業者あるいは通関業も兼ねた海貨業者のこともあります。

NVOCC は船会社から送られてきた Arrival Notice に基づいて、積み地代理店から送られてきたハウス B/L コピーをもとに自社の Arrival Notice を作成、ハウス B/L に記載されている Notify Party に送ります。

コンテナヤード

Q Arrival Notice にはどのようなことが記載されていますか。

A B/L あるいは Sea Waybill の記載内容に加えて、運賃が着地払いであれば運賃明細、荷揚げ・引き取りにかかる諸費用やサーチャージ、それに（もし発生していれば）デマレージ（貨物延滞料金）などが記載されています。

Q Arrival Notice が届いた後、荷受人はどのような手続きをしますか。

A 一般的に輸入手続きおよび運送品の引き取りは荷受人から委託された海貨業者が代行しています。荷受人は Arrival Notice に裏書署名し、積み地の荷送人から送られてきた B/L オリジナルにも裏書をして Invoice（送り状）、Packing List（包装明細書）などの書類をそろえて海貨業者に渡し、輸入通関を依頼します。

（2）B/L の差し入れ

Q 貨物引き渡しまでの手順を教えてください。

A 荷揚げ港ではターミナルのコーディネーターがターミナルからコンテナリストを取り寄せ、積み地からのデータと付き合わせをします。双方の内容が合致していればマニフェストデータを税関（実務では NACCS：Nippon Automated Cargo and Port

Consolidated System、輸出入・港湾関連情報処理システム）に送信します。NACCS でそのデータが受理されると荷揚げを開始、その港で荷揚げ予定のコンテナすべてを下ろして CY に蔵置した後、NACCS に搬入届を登録します。これを一括搬入といいます。マニフェストデータは税関の保税部門に送られ、通関準備が整います。

　運送人（船会社、NVOCC）は、荷受人（実務では海貨業者）がオリジナル B/L を差し入れ（Sea Waybill の場合は不要）、Arrival Notice に記載された諸費用を振り込んだことを確認すると貨物引き渡し情報を NACCS に登録します。海貨業者の輸入通関手続きが完了すると NACCS から輸入許可情報がターミナル業者に送信され、そこに指定されたコンテナヤード（CY）あるいは混載貨物であればコンテナフレートステーション（CFS）で運送品を引き取ることができます。

　一方で、運送人はオリジナル B/L を回収し、アライバルノーティスに記載されている諸費用の入金を確認すると荷受人（海貨業者）に荷渡し指図書（Delivery Order：D/O）を交付します（実務では船会社の揚げ地代理店が発行します）。運送人は B/L が差し入れられた際、記名式（Straight B/L）か指図式（Order B/L）かをまず確認します。記名式であればその荷受人の裏書を確認し、指図式の場合は裏書の連続性を確認します。最終裏書人が荷受人になるのでその署名の有無もチェックす

る必要があります。ゴム印は不可です。

　B/L はここで運送人に回収されることによってその生涯を終えます。

（3）運送品の引き渡し

　Q　運送品の引き取りに必要な書類はなんですか。

　A　海貨業者は CY、CFS、あるいは船会社の倉庫など指定された場所に向かい、D/O と輸入許可書を提示して運送品を引き取ります。

　Q　最近は D/O レスの引き渡しが多いと聞いていますが。

　A　その通りです。手続き簡素化のため、D/O を発行してもらう代わりに、事前にファックス送信や、発行された ID ナンバーを e メール送信することで引き取れる船会社が増えています。このような場合、輸入許可書もファック送信で済ましている倉庫やターミナル業者も増えつつあります。

　Q　B/L が回収されないまま D/O が発行され、貨物が引き取られた場合どういう問題が生じますか。

　A　紛失などで B/L が見つからないまま D/O を発行し、善意・無過失（事情を知らない、落ち度がない）でその B/L を取得した第三者が現れた場合、船社（あるいは NVOCC）はその者に対して貨物を引き渡す「義務」が生じるため、損害賠償を請求されます。ですから、B/L の回収前に D/O を発行してはい

けません。

　また、B/L が荷揚げ地にまだ届いていないが引き取りを急いでいる場合は次項の「保証荷渡し」という手段があります。

（4）保証渡し

　Q　保証渡しとはどのようなものですか。

　A　運送品が荷揚げ港に到着しているのに、B/L が決済のために銀行を経由することで時間がかかる、などの理由で荷受人の手元に届いていないということが時に発生します。このような状態が長引くと、運送品の品質劣化や転売の機会を喪失、あるいはデマレージ（貨物延滞料金）が発生するなど荷送人が不利益をこうむることとなり、一方で運送人も引き取られない運送品が倉庫に滞留することなどで同様に不利益をこうむります。

　このような事態に対処するため、荷受人は運送人に保証状（Letter of Guarantee：L/G、あるいは補償状：Letter of Indemnity：L/I）を提供し、それと引き換えに運送品の引き渡しを受けています。このような荷渡し方法を「保証渡し」といいます。

　Q　誰が保証するのですか。

　A　銀行が保証します。荷受人は運送人に対して「保証渡しにより生じ得る運送人の一切の損害を保証する」と約束していますが、銀行保証はこの荷受人の義務履行を連帯保証することです。銀行の保証状を Bank L/G

といいます。

　Q　銀行の保証状が条件ですか。

　A　運送人は通常、荷受人に対して信用状開設銀行（輸入者の取引銀行）の保証状を求めています。しかし、信用状取引ではない場合は第三者の銀行、あるいは荷受人の信用力を考慮して荷受人の単独保証状（Single L/G）で済ませている場合もあります。いずれにしても、荷受人は荷送人の同意を得ておく必要があります。

　Q　保証渡しは法律上問題ないのですか。

　A　あります。B/L 表面の約款には、運送品と引き換えに当該 B/L を差し入れることが義務付けられています。また、商法 764 条では「船荷証券が作成されたときは、これと引き換えでなければ、運送品の引渡しを請求することができない」と規定されています。運送人にとってリスクが大きいということを認識しておいたほうがよいでしょう。

4．船荷証券紛失への対処
（1）B/L 紛失の荷主リスク

　Q　B/L を紛失した場合、荷主にはどのようなリスクが考えられますか。

　A　B/L を紛失した場合は主に次のようなリスクがあります。

　　・紛失した B/L を取得した善意の（事情を知らない）第三者に貨物を引き取られてしまうリスク。

　　・荷渡しを受けられない場合、売り先に対

する貨物引き渡しの不履行発生に伴う賠償責任と不評のリスク。

・運送人からB/Lなしの荷渡しに際し、通常、荷主に対し単独保証状（Single L/G）、または銀行の保証状（Bank L/G）、あるいは預託金が要求される。

（2）国内で紛失した場合

Q B/L紛失した場合、どのように対処したらいいでしょうか。

A 日本からの輸出の場合、荷主はまず運送人と相談します。再発行の場合、運送人は複数発行したオリジナルで残っている通数があればすべて回収し、スタンプで"VOID"（無効）と押印したのち、再発行します。その際荷主は保証が求められますが、単独保証の場合は保証状に加え、当該貨物のCIF価格（商品価格＋保険料＋運賃）の150％以上の保証額の担保が求められるのが一般的です。もう一つの保証方法は銀行の連帯保証状（Bank L/G）です。

日本への輸入の場合は前項で述べた「保証渡し」ということになります。裁判所の決定で有価証券を無効にする除権決定手続きは、決定までに4-5カ月かかる上、手続き中に善意の第三者が紛失したB/Lを運送人に提示して当該貨物の引き渡しを要求したら対抗できないので、メリットはないと考えられます。

（3）外国で紛失した場合

Q 外国で紛失して貨物が引き取れなくなった場合はどのような対応手段があるでしょうか。

A まず、再調査を依頼します。どのような経過で紛失したかも重要です。次に現地で新聞広告の掲載をしてもらうという方法も考えられます。B/Lを無効にするための手続き（日本の除権判決に類する方法）の要否については、リスク説明をしてアドバイスを行うものの、判断は荷主に任せます。貨物の引き渡しの時には、B/L以外に正当な荷受人であることを証明する書類を提示してもらいます。追加発生したデマレージや運賃後払いでは海上運賃と諸費用も支払ってもらいます。

☞ここがPOINT

B/Lは運送貨物の受取証であるとともにその貨物の明細、運送条件が記載され、指定された場所でB/Lの正当な所持人にオリジナルB/Lと引き換えにその証券面上の運送品を引き渡すことを確約した引き換え証券です。従って、B/Lの回収なくして貨物を引き渡してはいけません。保証渡しもリスクが大きいので避けるべきですが、やむを得ない場合は、信用状（L/C）決済では取引のあるL/C開設銀行から、L/C決済ではない場合は優良銀行から連帯保証を取り付けて提出すべきでしょう。

索 引

Index

㈱オーシャンコマースの最新基礎知識シリーズ　　お問い合せは フリーダイヤル 0120-827-773

海の日Books　バックナンバーリスト

●最新版をお持ちですか？
●お手元の本の発行年度をご確認ください。最新版好評発売中！
●海の日Booksは最新の基礎知識シリーズです。

海の日 BOOKS

通巻	発行年	テーマ番号	書　　名	本体価格	
1	1977	1	「商社の海外取引き」と「船会社の輸送業務」	1,200円	完 売
2	1978	2	海運実務手引	600円	完 売
3	1979	3	国際海上物品運送条約解説	500円	完 売
4	1980	4	国際複合運送条約採択	1,200円	完 売
5	1981	2-②	新入社員のための海運実務手引	1,300円	完 売
6	1982	5	改訂保険証券をめぐって	1,500円	完 売
7	1983	6	荷主のための受渡実務手引書　輸出編	1,200円	完 売
8	1984	7	荷主のための受渡実務手引書　輸入編	1,500円	完 売
9	1985	2-③	新入社員のための海運実務手引	1,500円	完 売
10	1986	8	新入社員のための貿易実務手引	1,300円	完 売
11	1987	6-②	荷主のための受渡実務手引書　輸出編	1,500円	完 売
12	1988	7-②	荷主のための受渡実務手引書　輸入編	1,500円	完 売
13	1989	9	国際コンテナ輸送の手引	1,500円	完 売
14	1990	10	冷凍・冷蔵貨物輸送の手引	2,000円	完 売
15	1991	8-②	新入社員のための貿易実務手引	2,500円	完 売
16	1992	11	新入社員のための船荷証券の手引	2,500円	完 売
17	1993	2-④	ビギナーのための海運実務マニュアル	2,500円	完 売
18	1994	12	ビギナーのための国際物流英語	1,900円	完 売
19	1995	9-②	ビギナーのための国際コンテナ輸送の手引	1,456円	完 売
20	1996	11-②	ビギナーのためのB/LとWaybillの基礎知識	1,456円	完 売
21	1997	6-③	荷主のための受渡実務マニュアル　輸出編	1,900円	完 売
22	1998	13	クレーム処理の手順と事例	1,500円	完 売
23	1999	12-②	新版国際物流英語	1,900円	完 売
24	2000	2-⑤	改訂版ビギナーのための海運実務マニュアル	1,900円	完 売
25	2001	7-③	荷主のための受渡実務マニュアル　輸入編	1,900円	完 売
26	2002	14	危険物安全輸送の手引き　海上輸送編	1,900円	完 売
27	2003	11-③	船荷証券・ウェイビルの基礎知識	1,900円	完 売
28	2004	9-③	国際コンテナ輸送の基礎知識	1,900円	完 売
29	2005	14-②	最新版 危険物安全輸送の手引き　海上輸送編	1,900円	販売中
30	2006	2-⑥	新版 海運実務マニュアル	1,900円	販売中
31	2007	7-④	改訂版 受渡実務マニュアル　輸入編	1,900円	販売中
32	2008	12-③	国際物流英語	1,900円	完 売
33	2009	6-④	改訂版 受渡実務マニュアル　輸出編	1,900円	完 売
34	2010	11-④	船荷証券・ウェイビルの基礎知識	1,900円	完 売
35	2011	15	特殊貨物輸送の基礎知識	1,900円	販売中
36	2012	9-④	国際コンテナ輸送の基礎知識	1,900円	完 売
37	2013	13-②	クレーム処理の手順と事例集	1,900円	販売中
38	2014	2-⑦	基礎から分かる 海運実務マニュアル	1,900円	完 売
39	2015	12-④	国際物流英語	1,900円	販売中
40	2016	11-⑤	ビギナーのための船荷証券・ウェイビルの基礎知識	1,850円	完 売
41	2017	9-⑤	国際コンテナ輸送の基礎知識	1,900円	販売中
42	2018	6-⑤	最新版 受渡実務マニュアル　輸出編	1,900円	販売中
43	2019	2-⑧	改訂版 基礎から分かる 海運実務マニュアル	1,900円	販売中
44	2020	11-⑥	基礎から分かる 船荷証券の「Ｑ＆Ａ」	1,900円	販売中

基礎から分かる　船荷証券の「Q&A」

　本書は、基本的知識から学んで、実際の業務、また営業に際して発生した事例をもとに、国際輸送における関係者間のトラブル、問題点、あるいは税関手続き上のエラーなどについて、運送人（船会社およびフォワーダー）の視点からそれらの解決方法を Q&A 集にまとめたもので、とくに最近増えている三国間貿易も含めて輸出入の書類の流れをきめ細かく説明しています。このマニュアル Q&A をお手元に置かれお困りの時に辞書並みに確認されるなど、国際物流に携わるビジネスマンの日常の業務にお役に立てれば幸いです。

　このマニュアルは、船会社、商社系物流会社と長きにわたり業界に精通してこられた吉田誠治氏の経験と実績の蓄積をもとに生まれたものです。この本の内容を身につけておけば、さまざまな問題に対応でき、解決できるものと信じております。

基礎から分かる 船荷証券の「Q & A」

2020 年 7 月 20 日発行

定価：本体価格 1,900 円＋税

発行者　中川圀司
編集人　永元　昭
発行所　〒105-0013
　　　　東京都港区浜松町1-2-11（葵ビル）
　　　　株式会社　オーシャンコマース
　　　　TEL：(03) 3435-7630
　　　　FAX：(03) 3435-7896
　　　　URL：www.ocean-commerce.co.jp
郵便振替口座　東京　00100-4-63646

絵：柳原良平

暮らしと産業をささえる
総合海運企業です。

どんな時代にあっても、暮らしと産業はいま、ここで続いている。
130年余の歴史の中で、様々な時代の変化に対応してきた商船三井はこれからも、
技術と経験、世界最大級の船隊を力に、人々の暮らしと産業を支え続けていきます。

https://www.mol.co.jp

Port of Osaka

世界へ送り出す、世界を迎え入れる

大阪市を核とする近畿圏は、人口約2,100万人の一大生産・消費圏を形成し、首都圏とともにわが国の産業・経済活動の中枢となっています。

大阪港は、その中心に位置し、充実した高速道路・幹線道路網によりヒンターランドと直結しています。また、関西国際空港とも高速道路でダイレクトに結ばれ、大阪港は海・陸・空を結ぶ総合物流拠点として重要な役割を担っています。